Cristina Vasiloiu

În labirintul Uniunii
- o privire critică –

Coperta: Alice Vasiloiu
Tehnoredactare: Silvia Cândea

CUPRINS

Prefață..3

Cum a apărut Uniunea Europeană 6

Confuzii frecvente legate de Uniunea Europeană.................19

Uniunea Europeană - argumente pro şi contra.....................26

Graniţele reale ale Uniunii Europene...............................38

Parlamentul European 46

Consiliul European şi CONSILIUM 70

Comisia Europeană 96

Cum apar legile europene 113

Curtea de Justiţie a Uniunii Europene 119

Banca Centrală Europeană 125

Euro, Politica monetară şi Politica fiscală.....................132

GREXIT..143

BREXIT..150

Lobby la Bruxelles..157

Mass media la Bruxelles 165

Puţină Bruxelleză 172

Bibliografie selectivă 181

Index 183

PREFAȚĂ

Uniunea Europeană a fost visată zeci de ani, proiectând imaginea tărâmului de lapte și miere, în care oamenii trăiesc în liniște, prosperitate și siguranță, în care bunăstarea cetățeanului (din toate punctele de vedere) este mai presus de orice.

Uniunea Europeană există, este matură. La 66 de ani este ea acum întruchiparea visului frumos sau a devenit un coșmar? Se află acum în plină criză a vârstei mijlocii sau are doar durerile creșterii istorice? 66 de ani pentru o structură interstatală înseamnă mult sau puțin? Pentru istorici poate fi vorba doar de un copil preșcolar, pentru noi însă ce înseamnă?

Asistăm la modificări de fond ale structurii sale, la curente antiunioniste puternice din ce în ce mai vocale, – este vorba de o realitate socială și economică sau de manipulare?

Eu una sunt proeuropean din convingere. Sunt convinsă că succesul unei țări poate fi obținut numai prin alianțe puternice, alianțe bazate pe încredere, sinceritate, colaborare și ajutor reciproc. Ca într-o căsătorie. Și sunt convinsă că toate statele membre ale Uniunii Europene pot progresa fulminant economic, politic și social dacă se respectă principiile unui parteneriat corect. Dar se respectă?

Nu mi-am propus să aduc doar osanale Uniunii Europene și nici doar critici. Mi-am propus să schițez un traseu prin acest labirint, arătând părţile frumoase dar şi capcanele, şi încercând, pe cât posibil, să răspund la întrebarea mea favorită: 'de ce?'

Vom încera să înţelegem cum funcţionează instituţiile europene, cum apare legislaţia Uniunii Europene, cum şi de către cine se iau decizii la acest nivel şi în ce context.

De ce mi-am propus acest lucru? Pentru că de aproape douzeci de ani am văzut cum problematica europeană este adusă în faţa publicului larg mai mult pe post de pisică neagră decât pe post de invitaţie la un efort comun, pentru că articolele, emisiunile radio sau TV dedicate acestui subiect sunt rare şi plasate pe pagini sau la ore nepotrivite pe motiv că nu fac audienţă, pentru că tinerii jurnalişti interesaţi de abordarea acestor probleme sunt puţini şi trăiesc o enormă frustrare făcând echilibristică între ceea ce îşi doresc să facă şi imperativele redacţiilor în care lucrează.

Aşadar, 'copiilor' mei care ani de zile m-au întrebat când am de gând să mă apuc să scriu, tinerilor care doresc să ştie pe ce lume se află şi tinerilor colegi de breaslă le dedic cartea de faţă, invitându-i să îşi facă datoria de 'factori civilizatori' – cum îi numesc eu, să caute permanent adevăratele motive care au stat la baza unor decizii sau evenimente despre care trebuie să relateze şi care, în fond, ne afectează viaţa fiecăruia dintre noi.

Ideea cărţii a venit de mult timp şi aici trebuie să îmi arăt recunoştinţa faţă de regretata Jeana Gheorghiu care a reuşit să facă loc în grila de programe a TVR2 emisiunii mele Monitor, continuată apoi ani buni la N24 sub numele Euromonitor, cu un format ceva mai complex, datorită Nicoletei Popa. Trebuie să mulţumesc Gildei Lazăr care, fără prea multe discuţii, m-a pus în situaţia de a prelua un program de pregătire a tinerilor jurnalişti interesaţi de problematica europeană, baroanei Emma Nicholson of

Winterbourne care m-a ajutat să înţeleg mecanismele complexe ale Uniunii în lunga perioadă în care am colaborat, profesorului Vasile Baltac care a avut grijă în ultimul an ca toate discuţiile noastre să se încheie cu întrebarea 'când termini cartea?', prietenilor mei Dick Scott şi Eve Fitzgerald cu care am dezbătut seri întregi problema Brexit, Silviei Cândea pentru tehnoredactare şi răbdarea cu care a luat la bani mărunţi manuscrisul punând chinuitoarele diacritice şi, nu în ultimul rând, fiicei mele Alice, pentru critica pertinentă, acidă şi perseverentă în legătură cu tot ceea ce fac.

Cristina Vasiloiu

12 octombrie 2016

CUM A APĂRUT UNIUNEA EUROPEANĂ

Uniunea Europeană numără în prezent 28 de state membre, cu mențiunea că, deși în 23 iunie 2016 britanicii au votat ieșirea din Uniune, articolul 50 referitor la această clauză nu a fost activat la data apariției cărții, și, oricum, negocierile Brexit se estimează că vor dura cel puțin doi ani.

Cu o suprafață de 4,324,782 km², și aproximativ 510 milioane de locuitori reprezentând 7,3% din populația lumii, la ora actuală Uniunea Europeană este a doua mare putere economică mondială (dacă o tratăm ca pe o singură țară) reprezentând 22,8% din PIB-ul nominal global. PIB-ul Uniunii Europene a fost estimat la 16,5 trilioane EUR de către FMI în 2016.

Pe principiul 'unde-s mulți puterea crește', filosofia de bază a Uniunii Europene este că statele membre sunt țări suverane și independente care au decis de comun acord ca o parte a suveranitații lor să fie pusă în coșul comun, așa încât să aibă mai multă putere. În felul acesta, instituțiile create de această structură au posibilitatea ca, în mod democratic, să ia decizii legate de problemele de interes comun și să acționeze ca atare pentru binele tuturor.

Dacă ar fi să facem o comparație, Uniunea Europeană este de fapt o confederație, se plasează între structura complet federală a Statelor Unite ale Americii și structura de cooperare interguvernamentală întâlnită la Organizația Națiunilor Unite.

Fondatorii Uniunii Europene

Ideea unei Europe unite nu este nouă, dacă ar fi să extrapolăm puțin, romanii au realizat-o acum două mii de ani, numai că atunci se numea Imperiul Roman și, culmea, cuprindea teritoriul Turciei de astăzi, țările din Nordul Africii, se oprea pe undeva pe unde este teritoriul Germaniei de astăzi, iar Marea Mediterana, 'mare nostrum', putea fi considerată ca un uriaș lac sarat pentru că era exact în mijlocul imperiului.

George de Podebrady, regele bohemian a menționat ideea Europei unite în 1464 iar ducele francez de Sully a repetat-o în secolul al XVII-lea.

Se pare că într-o conversație pe insula Sf. Elena unde era întemnițat, Napoleon Bonaparte ar fi pomenit că existența Statelor Unite ale Europei ar fi posibilă în situația în care națiunile ar fi libere și ar fi pace între state.

Termenul Statele Unite ale Europei (*États-Unis d'Europe*) a fost folosit de Victor Hugo în discursul sau de la Congresul Mondial al Păcii ținut la Paris în 1849.

În 1923, contele austriac Richard Coudenhove Kalergi a fondat Mișcarea Pan-Europeană ca răspuns la dezastrul pricinuit de Primul Război Mondial, ținând la Viena în 1926 Primul Congres Paneuropean. Scopul acestui congres era să se ajungă la o Europă bazată pe principiile liberalismului, creștinismului și responsabilității sociale.

Interesant este însă că și în Rusia, înaintea revoluției comuniste, Trotsky a prezis existența unei Republici Federale a Europei – Statele Unite ale Europei – creată de proletariat.

În 1929 Prim-ministrul francez Aristide Briand, într-un discurs adresat Adunării Ligii Națiunilor a propus ideea unei federații a națiunilor europene pe baza solidarității și în scopul obținerii prosperității economice și a cooperării politice și sociale. Mulți economiști eminenți ai vremii, inclusiv John Maynard Keynes au susținut această idee. Mai mult, la cererea Ligii Națiunilor, Briand a prezentat în 1930 un Memorandum privind organizarea unui sistem al Uniunii Federale Europene.

La mai puțin de un an după memorandumul lui Briand, în 1931, politicianul francez Edouard Herriot și funcționarul public britanic Arthur Salter scriau câte o carte intitulată 'Statele Unite ale Europei'.

În 1940, Wilhelm II declara că '*mâna Domnului creează o nouă lume... vom deveni Statele Unite ale Europei sub conducerea Germaniei, vom deveni un continent european unit*'.

În 1941, Altiero Spinelli și Ernesto Rossi, ambii antifasciști, au încurajat ideea unei federații a statelor europene scriind Ventotene Manifesto.

Ajungând însă mai aproape de vremurile noastre, cel care a menționat în repetate rânduri ideea Statelor Unite ale Europei a fost Winston Churchill.

După prima victorie a britanicilor la El Alamein în timpul celui de-al doilea Razboi Mondial, Churchill îi scria în 21 octombrie 1942 ministrului sau de externe Anthony Eden:

'*pe cât îmi este de dificil să spun acum, aștept cu nerăbdare Statele Unite ale Europei, în care barierele dintre națiuni să fie puternic micșorate și să fie posibile călătoriile nerestricționate*'.

Ideea a reluat-o în discursul său din 19 septembrie 1946, ținut în Elveția la University of Zurich, discurs care marca încheierea celui de-al doilea Război Mondial:

'*Trebuie să construim un fel de Statele Unite ale Europei. Numai în acest fel sute de milioane de oameni care muncesc din greu vor putea să își regăsească bucuriile simple și speranțele care fac ca viața să merite să fie trăită*'.

Oficial, părinţii fondatori ai Uniunii Europene sunt cei unsprezece bărbaţi recunoscuţi a fi adus contribuţii majore la unitatea europeană şi la ceea ce regăsim acum ca fiind Uniunea Europeană. Accentul însă se pune pe trei dintre ei: Konrad Adenauer, Robert Schuman şi Paul-Henri Spaak.

Cei unsprezece părinţi fondatori sunt (în ordine alfabetică): Konrad Adenauer (Germania federală), Joseph Bech (Luxemburg), Johan Willem Beyen (Olanda), Winston Churchill (Regatul Unit), Alcide de Gasperi (Italia), Walter Hallstein (Germania Federală), Sicco Mansholt (Olanda), Jean Monnet (Franţa), Robert Schuman (Franţa), Paul-Henri Spaak (Belgia) şi Altiero Spinelli (Italia).

Din punct de vedere al cooperării interstatale, Uniunea Europeană a apărut pe fondul ororilor pricinuite de cel de-al doilea Razboi Mondial, ca o dorinţă nestăvilită de a pune capăt conflictelor sângeroase şi de a regăsi pacea, stabilitatea şi prosperitatea.

În 1949 statele Europei Occidentale creează Consiliul Europei, conturând primul pas spre cooperare.

La 9 mai 1950, Robert Schuman, ministrul francez de externe prezintă un plan pentru o cooperare mai aprofundată. Acesta este, oficial, momentul naşterii Uniunii Euroepene, iar 9 Mai este sarbatorită ca Ziua Europei.

În 18 aprilie 1951, pe baza planului Schuman, şase ţări din Europa Occidentală decid să semneze un tratat prin care industria grea a cărbunelui şi oţelului să fie sub management comun. În acel moment Comunitatea Cărbunelui şi Oţelului a început unificarea ţărilor europene atât economic cât şi politic, pentru a iniţia şi consolida o pace durabilă.

Cele şase ţări iniţiatoare sunt Belgia, Franţa, Germania, Italia, Luxemburg şi Olanda.

Să nu uităm că din punct de vedere economic cele şase ţări erau destul de asemănătoare, deci riscul de a avea discrepanţe în negocieri era relativ mic. Pe de altă parte, erau prinse ca înr-un cleşte între două supraputeri: Statele Unite ale Americii şi Uniunea Sovietică.

Pentru Germania, în acele momente, Uniunea era bariera împotriva expansiunii sovieticilor, iar pentru Italia şi Franţa era o şansă de revenire şi de linişte. Pentru Benelux era problema de fond a supravieţuirii.

Benelux (Belgia, Olanda, Luxemburg) au jucat de la bun început un rol semnificativ în conturarea Uniunii Europene, stabilind criterii prin care statele mici să fie privilegiate, compensându-se în acest fel asimetriile generate de dimensiune şi/sau putere economică între statele membre. Prim-miniştri şi miniştri de externe ai celor trei ţări au fost, în timp, intermediari abili în jocurile de putere dintre Germania şi Franţa, dintre nordul şi sudul Uniunii Europene, între statele slabe şi cele puternice.

Este interesant că, deşi Olanda se numără printre susţinătorii tradiţionali ai Uniunii, la nivelul percepţiei olandezilor s-au petrecut schimbări majore, care au dus inclusiv la respingerea Constituţiei Europene la referendumul din 1 iunie 2005. Şi, nu în ultimul rând, există nemulţumirea că într-o uniune formată din 28 de membri, preşedinţia prin rotaţie a Consiliului Uniunii Europene nu mai are aceeaşi greutate pe care o avea cândva, lucru simţit pe deplin de Olanda în prima jumătate a lui 2016.

Dar, revenind la începuturile Uniunii, să nu uităm că după cele două războaie mondiale venite ca uraganul la mai puţin de 20 de ani unul după altul şi care practic au decimat populaţia Europei, nevoia de linişte şi stabilitate era imperioasă pentru toate statele implicate şi mai puţin implicate în aceste conflagraţii. Anii '50 erau marcaţi de consecinţele războiului abia încheiat şi de începutul războiului rece dintre Est şi Vest, război ce va dura 40 de ani. În 1956 tancurile sovietice zdrobesc mişcarea anticomunistă din Ungaria arătând şi celorlalţi la ce se pot aştepta dacă le vin cumva astfel de idei.

În acest context, în 1957, prin Tratatul de la Roma se înfiinţează Piaţa Comună, mai exact: Comunitatea Economică Europeană. Tratatul de la Roma consfinţeşte libertatea de circulaţie a oamenilor, bunurilor şi serviciilor în Piaţa Comună, netezind drumul prosperităţii pentru cele şase ţări iniţiatoare.

De la bun început s-a consfinţit faptul că Uniunea Europeană se bazează pe statul de drept, fiecare acţiune a sa fiind bazată pe tratate dezbătute, negociate şi aprobate în mod democratic de statele membre. Prin aceste tratate sunt stabilite obiectivele şi valorile Uniunii Europene, precum şi modul de funcţionare al instituţiilor sale.

Evident că în timp tratatele au suferit modificări, aşa încât Uniunea să devină mai eficientă şi procesul decizional să fie mai transparent. Aderarea unor noi state a dus la modificarea tratatelor iniţiale şi alte tratate au fost negociate când s-au introdus noi domenii de cooperare, – cazul monedei unice.

Graţie acestor tratate, instituţiile europene pot propune şi adopta legi pe care statele membre le implementează pe teritoriul lor.

Cele mai importante tratate care au dus la conturarea Uniunii Europene din prezent sunt (în ordine cronologică inversă):

Tratatul de la Lisabona – a intrat în vigoare în 2009, simplificând regulile de votare, metodele de lucru şi creând funcţia de preşedinte al Consiliului European. Pentru prima dată apare clauza prin care se specifică clar modalitatea în care un stat poate părăsi Uniunea.

Tratatul de la Nisa – a intrat în vigoare în 2003 simplificând sistemul instituţional al Uniunii şi pregătind terenul pentru valul masiv de aderări din 2004, a introdus sistemul de votare pe criteriul majorităţii calificate.

Poster Italian din 1957, marcând Tratatul de la Roma

Tratatul de la Amsterdam – a modificat tratatele anterioare şi a creat o nouă poziţie importantă, un fel de ministru de Externe al Uniunii.

Tratatul de la Maastricht – Tratatul privind Uniunea Europeană. A intrat în vigoare în 1993 şi este unul dintre cele mai importante tratate, atât pentru faptul că prin el se creează în mod formal Uniunea Europeană, ci şi pentru că prin el se pun bazele eurozonei. Prin acest tratat s-a acordat mai multă putere Parlamentului European.

Actul Unic European – intrat în vigoare în 1987 a deschis calea pieţei unice.

Tratatul de la Roma – tratatele privind Comunitatea Economică Europeană şi EURATOM – a intrat în vigoare în 1958.

Tratatul de la Paris – Tratatul privind Comunitatea Europeană a Cărbunelui şi Oţelului, – semnat în 1951, a intrat în vigoare în 1952 şi a expirat în 2002. Prin el s-a creat un cadru instituţional care cuprindea o Înaltă Autoritate, un Consiliu Special, o Adunare şi o Curte. Principalul rol al Consiliului era de exercitare a controlului asupra Înaltei Autorităţi prin emiterea de avize. Cele şase ţări fondatoare au fost reprezentate de miniştrii de externe şi miniştrii afacerilor economice iar reuniunea a fost prezidată de Konrad Adenauer, cancelarul german. S-a introdus un sistem inovator care prevedea prezidarea Consiliului de fiecare stat membru, prin rotaţie, din trei în trei luni.

Tratatul de la Bruxelles – semnat în 1948 între Regatul Unit, Franţa, Belgia, Olanda şi Luxemburg, creează o alianţă pentru apărarea colectivă. S-ar putea considera că a fost o piatră de temelie pentru apariţia NATO şi a Uniunii Europei Occidentale.

Amănunte legate de toate aceste tratate şi multe alte iniţiative legislative se găsesc la adresa:
http://eur-lex.europa.eu/collecţion/eu-law/treaties-founding.html?locale=en

Extinderea Uniunii a dus automat la amendarea tratatelor iniţiale, în fiecare fază aducându-se completări şi specificându-se noi condiţii.

În ordine cronologică, la grupul iniţial al celor şase state s-au adăugat:

1973: Danemarca, Irlanda, Regatul Unit al Marii Britanii şi Irlandei de Nord (tot cam acelaşi nivel economic)

1981: Grecia (cu oarecare probleme, dar la vremea aceea nesemnificative pentru Uniune)

1986: Spania, Portugalia

1995: Austria, Finlanda, Suedia

2004: Cehia, Cipru, Estonia, Letonia, Lituania, Malta, Polonia, Slovacia, Slovenia, Ungaria (aici încep problemele, nivelul economic al acestui grup fiind cu mult sub cel al statelor membre cu vechime, ca să nu mai pomenim şi problemele legate de mentalitate şi cultură)

2007: Bulgaria, România (problemele se amplifică, acestea fiind cele mai sărace ţări din Uniune)

2013: Croaţia

Tratatul de la Lisabona, aprobat după îndelungi negocieri de toate cele 27 state membre şi intrat în vigoare la 1 decembrie 2009 a adus modificări semnificative modului de funcţionare al Uniunii Europene. Printre aceste modificări este esenţial să le amintim pe următoarele:

Creează rolul de Preşedinte permanent al Consiliului European, înlocuind sistemul prin care Preşedintele Consiliului European se rotea la fiecare 6 luni. În noua formulă, Preşedintele Consiliului European este numit de guvernele statelor membre.

Consolidează rolul Înaltului Reprezentant al Uniunii Europene pentru Afaceri Externe şi Politici de Securitate pentru ca vocea Uniunii să fie mai bine auzită la nivel internaţional. Înaltul Reprezentant conduce Consiliul Afacerilor Externe şi devine în mod automat Vice-preşedinte al Comisiei Europene. Se înfiinţează Serviciul European pentru Acţiuni Externe pentru a susţine activitatea Înaltului Reprezentant.

Preşedintele Comisiei Europene va fi ales de Parlamentul European. Candidatul este propus de Consiliul European şi nominalizat de majoritatea calificată. Tot Parlamentul European va investi componenţa întregii Comisii Europene. Cu alte cuvinte, dacă vom considera Comisia Europeană ca fiind guvernul Uniunii, procedura de investire a Preşedintelui şi a comisarilor este similară cu cea a investirii unui nou guvern.

Deşi Tratatul prevedea că numărul comisarilor să se reducă la două treimi din numărul statelor membre, în final a rămas decizia de a se menţine câte un comisar europen pentru fiecare stat membru. Aici este interesant să vedem distribuţia portofoliilor şi consecinţele acestei distribuţii.

Curtea Europeană de Justiţie devine Curtea de Justiţie a Uniunii Europene, jurisdicţia ei acoperind toate activi-tăţile Uniunii Europene cu excepţia politicilor comune externe şi de securitate. Curtea Primei Instanţe (Court of First Instance) devine Curtea Generală. Se îmbunătă-ţeşte accesul persoanelor particulare la curţile europene.

Procedura de co-decizie devine normă şi este redenumită 'procedura legislativă ordinară'. Prin procedura de co-decizie atât Consiliul cât şi Parlamentul trebuie să cadă de acord asupra unei propuneri legislative care nu va putea fi adoptată dacă este respinsă de Parlament.

Se introduce un nou sistem de vot, al majorității calificate. Sub acest sistem o măsură este aprobată dacă este susținută de 55% din statele membre (adică 15 state din 27) dacă ele reprezintă 65% din populația Uniunii Europene.

Votul unanim (formularea mai delicată a dreptului la veto) rămâne valabil pentru problemele spinoase de politici comune de securitate și apărare, politicile externe comune, securitate socială, taxe, drepturile cetățenești, limbi, sediile instituțiilor (vedeți aici eterna problemă a sediilor Parlamentului European). E interesant faptul că exact cele mai importante decizii se pot bloca prin exercitarea dreptului de veto de către oricare din țări, inclusiv Malta de exemplu.

Crește rolul și se formalizează implicarea parlamentelor naționale în procesul legislativ. Adoptarea legislației europene va fi supusă întâi analizei parlamentelor naționale care vor avea ocazia să aducă amendamente dacă legislația propusă nu este conforma principiului subsidiarității. Fiecare parlament are dreptul la două voturi. Dacă o propunere legislativă este respinsă de o treime din voturile parlamentelor naționale, acea propunere este trimisă înapoi Comisiei pentru revizuire. Dacă majoritatea parlamentelor naționale se opun unei propuneri a Comisiei și sunt susținute de Parlamentul European și de Consiliu, propunerea trebuie abandonată.

Carta Drepturilor Fundamentale devine obligatorie și are același statut cu tratatele. Este interesant că Regatul Unit al Marii Britanii și Irlandei de Nord, Polonia și Cehia au negociat un Protocol separat privind aplicarea Cartei.

Inițial, în Tratatul de la Lisabona era trecută și Legea Concurenței ca unul din obiectivele Uniunii Europene, însă la presiunile lui Nicolas Sarkozy, – președintele de atunci al Franţei, a fost scoasă din tratat şi inclusă în Protocolul privind Piaţa Internă şi Concurenţa, specificându-se că 'piaţa internă include un sistem prin care concurenţa nu este distorsionată'.

În 2012, 25 de state membre din 27 au semnat Tratatul privind stabilitatea, coordonarea şi guvernanţa în cadrul Uniunii Economice şi Monetare – TSCG. Cehia şi Marea Britanie nu au semnat acest document, care este un tratat interguvernamental.

Prin TSCG se urmăreşte promovarea disciplinei bugetare, consolidarea politicilor economice şi îmbunătăţirea guvernanţei în eurozonă. Tratatul a intrat în vigoare în 2013 şi în prezent 19 state membre folosesc moneda euro ca moneda naţională.

2016 reprezintă un punct de cotitură pentru Uniunea Europeană, referendumul din 23 iunie arătând, este drept că printr-un scor foarte strâns, dorinţa britanicilor de a ieşi din această structură pe care susţinătorii BREXIT-ului o consideră ca nefuncţională şi nefiind în interesul prosperităţii Regatului Unit.

CONFUZII FRECVENTE LEGATE DE UNIUNEA EUROPEANĂ

Cele mai frecvente confuzii făcute în comentariile legate de Uniunea Europeană sunt următoarele:

1. *Consiliul Europei, Consiliul European şi Consiliul Uniunii Europene*

2. *Adunarea Parlamentară a Consiliului Europei şi Parlamentul European*

3. *Regulament / directivă / decizie / recomandare /aviz al Comisiei Europene*

4. *Grupuri politice din Parlamentul European şi Partide politice europene.*

Este interesant că aceste confuzii sunt făcute în egală măsură atât de jurnalişti cât şi de publicul larg, perpetuându-se de-a lungul timpului deşi explicaţiile sunt, cum s-ar zice, la un click distanţă.

1. Consiliul Europei, Consiliul European şi Consiliul Uniunii Europene

Consiliul Europei, fondat în 1949, este o organizaţie umanitară la scară continentală, ce are ca scop promovarea drepturilor omului, democraţia şi statul de drept în Europa. La ora actuală această structură numără 47 de state membre din care 28 sunt membre ale Uniunii Europene şi reprezintă o populaţie de peste 820 milioane de oameni. Bugetul anual nu este nici mare dar nici prea mic, puţin peste o jumătate de miliard de euro.

Este adevărat că până acum niciun stat nu a devenit membru al Uniunii Europene fără să fi devenit întâi membru al Consiliului Europei.

Consiliul Europei nu poate face legi dar are capacitatea de a susţine şi consolida unele acorduri internaţionale făcute de statele europene în diverse domenii.

Părinţii fondatori ai Consiliului Europei sunt în linii mari cam aceeaşi cu cei care au fondat Uniunea Europeană: Winston Churchill (Prim-ministrul Regatului Unit), Konrad Adenauer (Cancelar şi ministrul Afacerilor Externe al Republicii Federale Germane), Robert Schuman (ministrul francez al Afacerilor Externe), Paul-Henri Spaak (Prim-ministru şi ministrul Afacerilor Externe al Belgiei în anii '40 şi '50), Alcide de Gasperi (Prim-ministrul Italiei), Ernest Bevin (secretar de stat pentru Afaceri Externe, Regatul Unit).

Consiliul Europei promovează drepturile omului, insistând în special pe libertatea de exprimare, libertatea presei, egalitatea, protecţia minorităţilor, lupta împotriva corupţiei şi împotriva terorismului şi, când este cazul, produce reforme judiciare. Are un grup de experţi constituţionali cunoscuţi sub numele de Comisia de la Veneţia, acest grup oferind consultanţă pe probleme legislative ţărilor din întreaga lume.

În structura Consiliului Europei intră *Secretariatul General* (responsabil pentru strategii şi buget, conduce şi reprezintă organizaţia), *Comitetul Miniştrilor* (organul de decizie al Consiliului, format din miniştrii efacerilor externe ai statelor membre sau reprezentantul lor diplomatic permanent la Strasbourg), *Adunarea Parlamentară* (formată din 324 membri ai parlamentelor naţionale din cele 47 de state membre), Congresul Autorităţilor Locale şi Regionale are 636 reprezentanţi aleşi şi răspunde de întărirea democraţiei locale şi regionale), *Curtea Europeană pentru Drepturile Omului* (organismal permanent judiciar care garantează pentru toţi europenii drepturile înscrise în Convenţia Europeană pentru Drepturile Omului) şi *Comisarul pentru Drepturile Omului* care atrage în mod independent atenţia asupra violării unor drepturi ale omului.

Cel mai cunoscut şi mai 'spectaculos' organism al Consiliului Europei este Curtea Europeană pentru Drepturile Omului care pune în aplicare Convenţia Europeană pentru Drepturile Omului.

Promovarea drepturilor omului se face prin convenţii, Consiliul monitorizând progresul făcut de statele membre în aceste domenii şi făcând recomandări, prin organisme de monitorizare independente, acolo unde este cazul.

Ca un exemplu, niciun stat membru al Consiliului Europei nu mai aplică pedeapsa cu moartea.

Câteva din aceste organisme de monitorizare sunt: Grupul Statelor împotriva Coruptiei (GRECO), Grupul Experţilor în Acţiuni împotriva Traficului de Persoane (GRETA), Comisia Europeană împotriva Rasismului şi Intoleranţei (ECRI) şi altele.

Consiliul Europei are prin statut două organisme: Comitetul Miniştrilor – care cuprinde miniştri de externe ai statelor membre, şi Adunarea Parlamentară – care este compusă din membri ai parlamentelor naţionale din fiecare stat membru.

Comisarul pentru Drepturile Omului este o instituţie independentă din structura Consiliului Europei, menită să promoveze respectul şi atenţia pentru drepturile omului în statele membre.

Cartierul general al Consiliului Europei este la Strasbourg, în Franţa, şi se folosesc două limbi oficiale: engleza şi franceza.

Deseori, în cadrul Comitetului Miniştrilor, la Adunarea Parlamentară şi la Congres se mai folosesc şi germana, italiana, rusa şi din când în când limba turcă pentru unele lucrări.

Este adevărat că în ultimul timp Consiliul Europei a fost criticat destul de mult, principalul argument fiind lipsa de reacţie în cazul în care se încalcă drepturile omului de către unele din statele membre.

Mai multe amănunte despre Consiliul Europei găsiţi pe site-ul lor: *www.coe.int/en/*

Consiliul European este format din şefii de stat sau de guvern ai statelor membre ale Uniunii Europene. Acesta defineşte atât priorităţile Uniunii cât şi Direcţia politică generală dar nu poate emite legi. În general, Consiliul adoptă 'concluzii' la încheierea şedinţelor, identificând motive de îngrijorare şi ce acţiuni specifice ar trebui întreprinse. Concluziile pot fixa şi termene pentru ajungerea la acorduri în legătură cu situaţii particulare sau în cazul prezentării unei propuneri legislative influenţând astfel politicile Uniunii Europene

Întâlnirile Consiliului European sunt cunoscute şi sub numele de 'reuniuni la nivel înalt'.

Consiliul European poate convoca şedinţe informale sau excepţionale pentru şefii de stat şi de guvern, uneori cu o a treia ţară care nu face parte din Uniune. La sfârşitul acestui tip de şedinte şefii de stat sau de guvern pot adopta declaraţii dar nu pot prezenta concluzii oficiale.

Oricum, vom discuta mai multe despre Consiliul European în capitolul special dedicat acestuia.

Consiliul Uniunii Europene (Consilium) este un organism reprezentativ cunoscut şi sub numele de Consiliul de Miniştri şi este format din miniştrii guvernelor tuturor statelor membre. Consiliul are întâlniri regulate, ia decizii detaliate cu privire la politici şi adoptă legi europene alături de Parlamentul European. Miniştrii care participă la aceste reuniuni au autoritatea de a angaja guvernul pe care îl reprezintă în acţiunile hotărâte de Consiliu.

2. Adunarea Parlamentară a Consiliului Europei şi Parlamentul European

Adunarea Parlamentară a Consiliului Europei este compusă din membri ai parlamentelor naţionale din fiecare stat membru.

Membrii Adunării Parlamentare se întâlnesc în general pentru sesiuni de câte o săptămână, de patru ori pe an, la Strasbourg. Activitatea ei a fost deosebit de importantă în special imediat după căderea Zidului Berlinului, asistând fostele state comuniste în drumul lor spre adevărata democraţie.

Parlamentul European este instituţia parlamentară a Uniunii Europene aleasă în mod direct de către cetăţenii statelor membre. Aceasta reprezintă cetăţenii Uniunii şi, împreună cu Comisia Europeană şi cu Consiliul European, exercită funcţia legislativă în Uniune. Are 751 de membri aleşi prin vot universal din cinci în cinci ani, reprezentând cel mai mare electorat trans-naţional din lume (380 milioane de alegători eligibili în 2014) al doilea cel mai mare electorat democratic mondial, după Parlamentul Indiei. În 2014 s-au prezentat la vot pentru alegerea europarlamentarilor doar 42,54% din alegătorii eligibili din statele membre, prin alegător eligibil înţelegând cetăţenii din statele membre care au depăşit vârsta de 18 ani (16 ani în Austria). Parlamentul European este 'prima instituţie' a Uniunii, menţionată prima în tratate şi împarte puteri legislative şi bugetare egale cu Consiliul. Nu în ultimul rând, Comisia Europeană răspunde în faţa Parlamentului European. Parlamentul alege

Preşedintele Comisiei Europene şi aprobă sau respinge Comisia ca întreg. Totodată chiar poate să forţeze demisia Comisiei adoptând o moţiune de cenzură.

Parlamentul European are sedii la Bruxelles, Strasbourg şi Luxemburg.

www.europarl.eu

3. Regulament / directivă / decizie / recomandare /aviz al Comisiei Europene

La nivelul Uniunii Europene există mai multe tipuri de acte legislative, prilej de multă confuzie şi pripire mai ales când este vorba de modificări legislative la nivel de stat membru.

Regulamentul este o *lege obligatorie* şi direct aplicabilă în toate statele membre. Pentru respectarea regulamentului un stat membru poate fi în situaţia în care să trebuiască să modifice legislaţia naţională. Consiliul a adoptat un astfel de regulament când s-a pus problema bunurilor importate din afara Uniunii.

Directiva este o lege prin care statele membre sau un grup de state membre trebuie să atingă un anumit obiectiv fără a specifica modul în care să se ajungă la acesta. Directiva trebuie să fie transpusă în legislaţia naţională pentru a intra în vigoare, dar rămâne la latitudinea fiecărui stat membru în ce mod va ajunge la acel rezultat. Un exemplu este directiva Drepturilor Consumatorului.

Decizia este un instrument legal şi se poate adresa statelor membre, unor grupuri sau unor persoane fiind obligatorie în toate elementele sale. Un exemplu îl constituie decizia Comisiei ca Uniunea să participe la lucrările diferitelor organizaţii care combat terorismul.

Recomandări şi avize: acestea nu sunt obligatorii, dar este bine să se ţină totuşi cont de ele. Printr-o recomandare, instituţiile europene îşi fac cunoscut punctul de vedere şi sugerează o anumită linie de acţiune, dar nu impun niciun fel de acţiune legală.

4. Grupuri politice din Parlamentul European şi Partide politice europene.

Grupurile politice din Parlamentul European nu înseamnă partide politice europene. Este adevărat că majoritatea partidelor naţionale reprezentate într-un grup sunt şi membre ale particdelor corespunzatoare la nivel European, dar în unele grupuri politice din PE sunt prezente mai mult de un partid politic European.

De exemplu în grupul ALDE şi în cel al Verzilor/EFA se găsesc mai multe partide politice europene. ALDE este format din două partide politice europene: Partidul Alianţei Liberalilor şi Democraţilor pentru Europa şi Partidul Democrat European, iar grupul Verzilor/EFA este format în esenţă din partide ecologiste, regionaliste şi naţionaliste. Grupul Verzilor/EFA (Europea Free Alliance) este format din două partide politice europene distincte: Partidul Verzilor Europeni (EGP şi Alianţa Europeană Liberă (EFA) care la rândul ei este formată din partide reprezentând interese politice ale minorităţilor sau interese politice regionaliste. La grupul Verzilor /EFA s-au adăugat europarlamentări ai unor partide naţionale nealiniate, cum ar fi Partidul Piraţilor din Suedia

Europarlamentarii pot adera în mod normal la un grup politic din Parlamentul European, chiar dacă ei nu aparţin unui partid naţional care este membru al partidului politic european respectiv. Cu alte cuvinte, dacă eu sunt europarlamentar şi fac parte din Partidul Liberal în ţara de origine, asta nu înseamnă că nu mă pot înscrie în

Grupul Verzilor din Parlamentul European, dacă regulile grupului îmi permit.

UNIUNEA EUROPEANĂ - ARGUMENTE PRO ŞI CONTRA

Fără a fi neapărat în ordinea importanţei, am schiţat argumentele pro şi contra apartenenţei la Uniunea Europeană. Este interesant că se întâmplă ca unele argumente pro să fie puternic combătute şi să apară şi la capitolul 'contra'. Promit că, ulterior, voi analiza unele argumente ceva mai aprofundat.

Potrivit lui Derk-Jan Eppink, Uniunea este Imperiul Bunelor Intenţii, care ar trebui să se concentreze mai degrabă pe un număr limitat de obiective clare în domeniul economic, monetar şi politic şi să nu îşi risipească energia elaborând legislaţie pentru orice.
Aici poate că ar trebui aplicat principiul multinaţionalelor: 'think globally, act locally'.

Suprareglementarea politicii energetice este mai degrabă un frâu în calea dezvoltării statelor membre pe când politica imigraţiei este un nou-născut care începe să se dezvolte într-un iureş ce ne aminteşte de Ucenicul Vrăjitor. O vacă europeană are atâtea subvenţii încât ar putea zbura business class în jurul lumii dar nu ştim ce să facem cu imigrantul care a ajuns în Grecia, Italia sau la Calais.
Paralizia instituţională, osificarea birocratică, teama de adevărata reformă economică şi capitularea culturală sunt problemele de fond

cu care se confruntă acum Uniunea Europeană şi nu ştim cine ar avea răspunsuri competente pentru ele.

Înainte însă de a trece în revistă cele mai importante argumente pro şi contra, este bine să ne punem câteva întrebări de fond:

1. *În Uniunea Europeană a zilelor noastre, cea din prezent, regăsim idealurile şi valorile care au stat la baza creării ei, aşa cum a fost gândită de părinţii fondatori? Dacă da, le-am îmbogăţit? Dacă nu, ce am pierdut, unde şi de ce? Şi ce mai putem face?*

2. *Încotro se îndreaptă Uniunea Europeană? Există un ţel precis, bine conturat şi agreat de toate statele membre? Din ce în ce mai des se vehiculează ideea Europei cu două viteze, — acest lucru este bun sau rău? Este un rezultat obiectiv al unor evaluări economice, politice şi sociale obiective sau răspunde unor presiuni politice?*

3. *De ce moneda unică, — dacă a fost gândită ca o monedă stabilă şi bine susţinută de mecanismele financiare ale Uniunii, a trecut şi trece printr-o criză puternică?*

4. *În ce măsură interesele politice din interiorul Uniunii influenţează Piaţa Unică? Acest lucru este în interesul tuturor statelor membre sau favorizează numai o parte?*

5. *Ne costă mai mult fiind în interiorul sau în exteriorul Uniunii?*

6. *Statele membre îşi văd realizate interesele naţionale sau sunt copleşite de deciziile luate 'peste capul' lor?*

7. *Populaţia se simte mai bine şi mai confortabil trăind într-o Europa 'federală'?*

8. *Calitatea de membru al Uniunii Europene ne aduce stabilitate, pace şi prosperitate în ţară?*

9. *Putem găsi relaţii comerciale mai bune în altă parte sau în altă combinaţie?*

Argumente Pro

Fără a dezvolta foarte mult argumentele, le trecem acum în revistă, nu neapărat în ordinea importanţei, urmând ca pe parcursul capitolelor să dezbatem problemele respective.

Aşadar:

1. Comerţ liber între ţările membre, – 'free trade and no tariffs'.

2. Monedă unică: euro.

3. EMU (Uniunea Economică şi Monetară) coordonează politicile economice şi fiscale, politica monetară comună şi moneda unică: euro. Ratele dobânzilor sunt stabilite de Banca Centrală Europeană pentru întreaga Eurozonă asigurându-se în acest fel predictibilitatea.

4. Cetăţenii statelor membre circulă liber pe teritoriul Uniunii, se pot stabili unde doresc şi îşi pot deschide afaceri.

5. În Uniunea Europeană sunt mai multe şanse să găseşti de lucru şi/sau să fii mai bine plătit

6. Faptul că sunt mai multe state membre cu tipologii diferite generează mai multe resurse. Diversitatea ne îmbogăţeşte.

7. Nu sunt conflicte între statele membre. Când sunt disensiuni acestea se rezolvă în concordanţă cu regulile impuse de Comisia Europeană şi de Parlamentul European.

8. *Se consolidează un sentiment de unitate şi de apartenenţă între membrii UE.*

9. *Uniunea Europeană este un bloc economic puternic, reprezentând o forţă la masa negocierilor cu alţi parteneri economici. Deşi Uniunea Europeană are acum aproximativ 510 milioane locuitori, adică aproape 8% din populaţia mondială, din păcate în 2050 va avea numai 5% din populaţia mondială dată fiind dinamica demografică a altor regiuni de pe glob, în special cele din Africa şi Asia. Ca număr de locuitori, UE se situează pe locul trei în lume, după China şi India. Este interesant aici să vedem dacă nu cumva încurajarea migraţiei în special de către cancelarul Merkel nu este motivată şi de considerente demografice*

10. *Membrii UE se ajută între ei, aşa încât să se asigure sustenabilitatea fiecăruia în parte (salvarea Greciei este un exemplu).*

11. *Finanţarea creşterii regionale şi burse/granturi acordate de Uniunea Europeană pentru încurajarea educaţiei cetăţenilor statelor membre. Nu în ultimul rând, taxe preferenţiale la universităţile de marcă pentru studenţii din UE, de cele mai multe ori egale cu taxele plătite de studenţii locali.*

12. *Identitatea statelor membre nu este compromisă şi nu este supusă nici unui risc.*

13. *Nu există o limbă oficială, se respectă identitatea naţională prin protejarea limbii fiecărui stat membru.*

14. *Există reglementări în vigoare, care nu permit ţărilor membre puternice (Germania, Franţa) să domine ţările membre mai mici (aici ar fi multe de comentat, mai ales în urma recentelor evenimente legate de migraţie şi de cotele propuse de Angela Merkel, cancelarul Germaniei)*

15. *Multe subvenţii pentru agricultură, politica agricolă comună, stabilirea strategiilor de dezvoltare. Şi aici avem multe de comentat în legatură cu necesitatea unor subvenţii.*

16. *Banca Centrală Europeană monitorizează ratele dobânzilor.*

17. *Uniunea furnizează 'o voce' şi o platformă partidelor care îndeobşte nu sunt alese: Verzii, UKIP, BNP*

18. *Există mai multe capitale ale UE, înlesnind astfel accesul cetăţenilor la decidenţi*

19. *Există o strategie şi coordonare a legislaţiei de mediu la care trebuie să se alinieze statele membre. Lucrul acesta este benefic pentru protecţia mediului. Dar este valabil pentru toate statele membre sau unele sunt încă defavorizate?*

20. *Diversitatea Statelor Membre duce automat şi la acces la mai multe resurse.*

21. *Uniunea Europeană pune la dispoziţia cetăţenilor săi multe agenţii publice, înlesnind astfel aplicarea politicilor şi oferind consultanţă de specialitate ori de câte ori este nevoie.*

22. *Probabilitatea unui război în interiorul Uniunii este practic zero.*

Argumente Contra

1. *Comisia Europeană (organism desemnat, nu ales) are mult prea multă putere în comparaţie cu Consiliul şefilor de stat şi de guvern sau cu Parlamentul European (care este ales).*

2. *Birocraţia UE şi nivelul suplimentar instituţional pot elimina o parte din responsabilităţile sau din puterea unui stat membru. În plus, mai ales pentru statele membre mai puţin dezvoltate economic, există opinia că ceea ce vine 'de la Bruxelles' este văzut ca poruncă supremă, nenegociabilă, indiferent dacă este vorba de recomandare, decizie sau regulament. Liderii puternici nu iau în consideraţie soluţii care nu se potrivesc tratatelor actuale. De ce?*

3. *Sistematic Statele Membre puternice impun reguli Statelor Membre mai mici sau mai sărace, lucru care duce la creşterea nemulţumirilor şi la exacerbarea fenomenelor naţionaliste.*

4. *Există sentimentul acut că prin impunerea deciziilor de la Bruxelles se pune în pericol identitatea naţională. Cea mai gravă consecinţă a acestei realităţi a fost tradusă şocant în realitate în 23 iunie 2016 la Referendumul din Marea Britanie, prin care, printr-un scor într-adevăr foarte strâns, populaţia cu drept de vot a decis ieşirea Regatului Unit din Uniune.*

5. *Condiţii foarte grele pentru aderare. De multe ori există dublu standard, unele ţări fiind acceptate în Uniune mai repede decât altele (exemplu diferenţa de tratament şi criterii când au fost acceptate Ungaria, Cehia, Slovacia, Ţările Baltice faţă de România şi Bulgaria, ca să nu mai vorbim de zeci de ani de tratative încă nefinalizate pentru acceptarea Turciei ca stat membru UE).*

6. *Graniţele Europei în sine nu sunt bine definite. Marocul doreşte să devină membru UE, se consideră Marocul a fi în Europa sau nu? Pentru ce UE a acordat o finanţare de peste 1,5 miliarde EUR construirii unei autostrăzi pe teritoriul francez? – cu micul amendament că este vorba de Reunion, un micuţ* teritoriu francez situat în Oceanul Indian, la peste 7000 de km de Madagascar. Deja s-au cheltuit peste 160 mil EUR din banii contribuabilului UE pentru o reţea de drumuri şi poduri în Reunion, – este adevărat că s-au obţinut şi ceva premii pentru eleganţa design-ului.

Acelaşi lucru s-a întâmplat în arhipelagul Madeira, aparţinând de Portugalia: peste 2,5 miliarde EUR au fost daţi din bugetul UE pentru construirea unei reţele de autostrăzi.

7. Sunt esenţiale standardele economice şi criteriile de guvernamânt, dar şi aici totul devine fluid când este vorba de nevoile Statelor Membre puternice. Politici ineficiente – o mare parte a fondurilor UE merg spre Politica Agricolă Comună, dar beneficiile întârzie să apară.

8. Din punct de vedere administrativ, Comisia Europeană serveşte interesele Uniunii şi nu interesele unui stat membru, -deşi de nenumărate ori s-au schimbat datele problemei, în funcţie de interesele de moment ale unui stat membru puternic.

9. Statele Membre au mai puţine reguli interne legate de ceea ce se produce sau se vinde în interiorul Uniunii Europene.

10. Percepţia de pierdere a suveranităţii (acută în Grecia, Marea Britanie – care a şi luat decizia de a părăsi UE) şi din ce în ce mai pregnantă în ţări ca Italia, Olanda, Ungaria, Polonia.

11. Statele Membre trebuie să se supună aceloraşi reglementări, prin urmare dezvoltarea unei ţări este de fapt influenţată din exterior. Aici este şi o problemă de înţelegere de fond a semnificaţiei şi mecanismelor Uniunii Europene, nu te poţi bucura numai de beneficii fără să ai şi obligaţii. Acest lucru este valabil în situaţia

în care reglementările se iau în folosul tuturor statelor membre şi nu doar în folosul unora. Din păcate se întâmplă deseori ca la masa negocierilor să ajungă fie naivi, fie persoane foarte slabe şi insuficient pregătite sau cu un mandat neclar, fie persoane iresponsabile, aşa încât întotdeauna vor avea succesul dorit cei bine pregătiţi şi puternici.

12. *Dificultatea de a ieşi din Uniunea Europeană –* Brexit este exemplul concret, dar îi dedicăm un capitol separat.

13. Comunicarea este extrem de dificilă atât între state cât şi între cetăţeni, nefiind vorbită aceeaşi limbă. Din exces de democraţie se acceptă toate cele 28 de limbi oficiale ale statelor membre ca limbi oficiale ale UE, de aici o sumă de complicaţii pornind de la problema simplă a traducerii textelor UE şi terminând cu problema spinoasă a drepturilor minorităţilor.

14. În trecut, o Uniune Europeană mai mare însemna progres economic în special pentru statele membre mai sărace. Acum înseamnă austeritate şi şomaj. Presiunea privind austeritatea a devenit enormă, din 2008, mai multe state membre au fost forţate de Uniune să ia măsuri dure (tăieri bugetare masive pentru a ţine sub control deficitul bugetar) dar, în contextul recesiunii, aceste măsuri au dus la stagnare economică prelungită.

15. Prea multe 'capitale ale Uniunii Europene', risipa de fonduri şi pierdere de timp. Cazul mutării lunare de la Bruxelles la Strasburg fiind deja de notorietate publică şi subiectul numeroaselor campanii pro şi contra. Acelaşi lucru pentru Luxemburg. Pe de altă parte, atât Franţa cât şi Marele Ducat de Luxemburg au interese majore să păstreze Strasbourg, respectiv Luxemburg, pe harta capitalelor Uniunii, dat fiind aportul economic major adus de funcţionarea instituţiilor europene în *locurile respective (numai deplasarea în cele patru zile pe lună, de la Bruxelles la Strasbourg şi invers pentru sesiunea parlamentară costă peste 200 milioane EUR pe an).*

16. Ţări bogate, cum ar fi Germania, trebuie să ducă povara problemelor altor State Membre, împărţindu-şi bogăţia cu acestea (cazul Greciei este cel mai spectaculos).

17. Decizii luate de Comisia Europeană considerate cel puţin absurde (ex. La Politica Agricola Comună decizia de a plăti fermierii francezi pentru a NU cultiva unele plante. Franţa apare ca fiind favorizată în mod evident pe probleme agricole).

18. În Uniunea Europeană este situaţia stranie de a avea uniune monetară fără a avea uniune politică. Euro are o bancă centrală dar nu are o trezorerie comună. În momentul în care un stat membru din eurozonă a transferat dreptul său de a emite moneda către Banca Centrală Europeană, titlurile sale de stat au devenit denominate într-o monedă pe care nu o controlează. Euro este controlat de statele membre ca grup, nu individual. Banca Centrală Europeană (BCE) a acceptat datoriile guvernamentale ale tuturor statelor membre în termini identici, autorităţile bancare europene necerând băncilor comerciale să aibă rezerve pentru situaţia în care deţinerea de titluri de stat devine riscantă. Lucrul acesta a generat o situaţia favorizantă pentru băncile comerciale care operează în zonă, acestea investind masiv în titluri de stat emise de statele slabe care plătesc o dobândă mai mare, băncile putând prezenta apoi aceste titluri către BCE şi să împrumute 100% dacă doresc, obiţinând astfel profit.

19. Într-o uniune cu 28 de state membre, preşedinţia prin rotaţie revine prea rar fiecărui membru şi nu mai

are greutatea de care se bucurase inițial. Este umbrită
nu numai de Consiliul European ci și de cei cinci
președinți care atrag mai multă atenție decât
președinția prin rotație: președintele Consiliului
European, președintele Comisiei Europene, președintele
Băncii Centrale Europene, președintele Parlamentului
European și președintele Eurogroup.

20. Instituții structurate și conduse greșit, politici
greșite sau prost aplicate au dus la cădere economică.
S-au finanțat unele instituții europene ineficiente numai
din considerente politice. În multe state membre a
existat și există situația în care mai degrabă legislația
națională decât cea a Uniunii frânează investițiile solide
și inhibă ocuparea forței de muncă și productivitatea.
Cum putem altfel explica de ce există diferențe
semnificative în privința ratei șomajului în diferitele
state membre? În 2015 rata șomajului era în Franța de
10,2%, în Grecia de 27%, în Spania de 22% pe când în
Olanda era de 7,2% iar în Germania de 4,7%. Și atunci
cum putem privi Uniunea Europeană și mecanismele
sale care o țin în viața ca pe un organism unitar și
eficient?

21. Cheltuielile pentru protecție socială (inclusiv
beneficiile acordate șomerilor) variază enorm între
statele membre. Dacă la nivelul celor 28 de state acestea
se situează în medie până la 30% din PIB, cifrele sunt
semnificativ diferite când luăm statele separat: cam
18% pentru Bulgaria, Letonia și România și peste 33%
pentru Franța de exemplu.

22. Apartenența la Uniunea Europeană a indus în unii
guvernanți din statele membre falsa senzație de sigu-
ranță și confort, facându-i să considere că indiferent
cum își gestionează economia națională și ceilalți fac la
fel și că, oricum, cineva din Uniune va veni să îi salveze

la momentul potrivit (vezi cazul Greciei şi nici Spania nu se simte prea bine).

23. *Beneficiile visate pentru statele membre de unii birocraţi ai Uniunii privind uniunea vamală europeană s-au dovedit în timp nerealiste. Aceştia nu au evaluat corect beneficiile economice ce urmau să apară natural în dinamica mondială pe fondul conectării la economia globală a unor ţări cândva izolate. China şi alte economii emergente sunt un exemplu concludent, ratele lor de creştere a PIB fiind impresionante.*

24. *Libera circulaţie a persoanelor a avut un efect negativ uriaş asupra unor state membre. Marea Britanie a fost şocată de valul uriaş al imigraţiei în special est-europene. A fost bine sau rău? Dacă pentru unele ţări din Europa Occidentală aceştia au contribuit la creşterea economică, pentru ţările de origine a fost un lucru bun? Exodul creierelor şi al specialiştilor din ţări ca România, Bulgaria, Polonia, a dus la 'realocarea eficientă a forţei de muncă' sau a produs distorsiuni majore? Aici ar fi bine să ne gândim la migraţia medicilor, de exemplu.*

Pe de altă parte, imigraţia masivă spre ţări ca Marea Britanie, Franţa, Germania, Italia, a celor în căutare de ajutoare sociale a creat probleme care au readus în discuţie subiectul liberei circulaţii a persoanelor.

25. *Intervenţia Uniunii Europene în reglementarea pieţei muncii a făcut mai mult rău decât bine. Birocratizarea excesivă impusă de Comisia Europeană şi implementarea unei serii de reglementări a dus la situaţia stranie de a fi mult mai costisitor să angajezi o persoană, mult mai dificil să schimbi specificaţiile postului pentru cel angajat şi foarte costisitor să îl concediezi pe cel care nu performează. În acest sens,*

Directiva Timpului de Lucru este una dintre cele mai dezbătute la ora actuală.

26. *Uniunea Europeană nu gestionează eficient bugetul, alocând deseori sume importante pentru proiecte extravagante.*

În acest sens, think-tankul britanic Open Europe a menționat grantul de peste 400.000 € dat de Fondul de Dezvoltare Regională, în februarie 2009, firmei Gyrotech Commercial and Supplier LTD din Ungaria, grant suplimentat cu 500.000 € din alte surse, pentru un proiect privind 'îmbunătățirea stilului și standardelor de viață pentru câini'. Compania, care inițial era o firma de IT, se pare că a solicitat fondurile pentru a implementa un sistem de hidroterapie pentru a îmbunătăți condiția fizică a câinilor.

Sume mult mai consistente s-au cheltuit pentru construirea de piste pentru avioane în condițiile în care niciun avion nu a ajuns să pună măcar un trenuleț de aterizare pe ele, sau pentru extinderea unor aeroporturi cu terminale și parcări care stau și acum complet goale.

GRANIȚELE REALE ALE UNIUNII EUROPENE

Geografic, Europa se întinde de la Atlantic până la Urali. Pe cel de-al doilea cel mai mic continent al lumii sunt peste cincizeci de state distincte, suverane, 28 dintre ele formând ceea ce acum se numește Uniunea Europeană, iar celelalte cochetând sau nu cu ideea de a fi în acest club. Dar, așa cum percepția asupra întinderii continentale a Europei este difuză, tot așa și granițele Uniunii sunt

destul de mobile dacă ţinem cont de nenumăratele cazuri particulare şi excepţii formulate de Tratatele acesteia.

Oficial, potrivit criteriilor de la Copenhaga, calitatea de stat membru al Uniunii Europene poate fi dobândită dacă ţara respectivă are instituţii stabile care să garanteze guvernarea democratică, statul de drept, drepturile omului şi protecţia minorităţilor, are o economie de piaţă funcţională şi capacitatea de a face faţă competiţiei şi pieţei Uniunii acceptând legislaţia acesteia.

Desigur că întregul proces de aderare este destul de anevoios şi reprezintă rezultatul unor negocieri intense, mai mult sau mai puţin îndelungate. Turcia, de exemplu, şi-a depus cererea încă din 1987 dar a fost membru asociat încă din 1963. Dupa cum ştim, negocierile sale cu Uniunea sunt practic îngheţate şi acum.

Dacă ar fi să ne gândim la toate aceste criterii (mai puţin acceptarea monedei unice) şi la valorile profund europene, atunci ar trebui ca, în mod firesc, să considerăm că mai degrabă Statele Unite ale Americii şi Canada ar trebui să facă parte din Uniunea Europeană decât Ucraina, spre exemplu. Sau chiar Australia şi Noua Zeelandă, de ce nu?

Dacă este vorba de Europa geografică, de ce să nu contemplăm şi aderarea Rusiei? În 2013, la Vilnius, Uniunea a fost foarte aproape de a accepta candidatura Ucrainei, deşi Ucraina este mai apropiată din punct de vedere al mentalităţii şi culturii de Rusia decât de Europa Occidentală.

Este suficient să privim harta Europei, şi, vrând-nevrând, fiecare dintre noi conturăm harta unei Uniuni aşa cum o am dori-o, graniţele sale, în special cele estice, variind de la caz la caz.

Pentru un francez ar fi probabil de preferat ca graniţa estică să fi fost undeva la graniţa Austriei, – eventual a Ungariei, pentru un German probabil că era mai bine dacă se oprea chiar la graniţa lui estică, pentru un italian graniţa este în ordine cum este acum şi nu prea ar vrea să se mute mai spre est, pentru un român ar fi de preferat ca granița Uniunii să se mute dincolo de Nistru, iar pentru oltenii din România este ca în fotografie (Craiova, centrul vechi).

Craiova Centrul vechi
Arhiva foto Vasile Baltac

Și atunci, care sunt în realitate criteriile în baza cărora acceptăm un nou stat membru în Uniune? Mărimea sa? Numărul populației? PIB?

Uniunea a semnat Tratatul de asociere cu Moldova dar în ultima clipă s-a răzgândit în cazul Ucrainei. De ce? Cele 4,5 milioane de locuitori ai Moldovei sunt mai ușor de 'înghițit' decât cele 45 de milioane ale Ucrainei?

La scurt timp după încheierea celui de-al doilea Război Mondial, cele șase țări care s-au unit în Comunitatea Economică a Cărbunelui și Oțelului au avut la momentul respectiv interese foarte clare: Franța, Belgia, Olanda și Luxemburg se temeau ca Germania să nu dorească să le conducă și să le subjuge, Germania se temea de ea însăși, – să nu rămână izolată în urma teribilului conflict iar Italia dorea să scape de consecințele dezastruoase ale fascismului și să ajungă la prosperitate și stabilitate.

Dacă la început, cele șase state întemeietoare ale Uniunii aveau un nivel economic cât de cât echilibrat, cu excepția Luxemburgului care era de departe cel mai bogat, diferența între cel mai mare Produs Intern Brut per capita și cel mai mic era de la dublu la simplu (Olanda, – cea mai bogată, față de Italia, – cea mai săracă). 1973 nu a creat dezechilibre mari prin aderarea Danemarcei, Irlandei şi Regatului Unit, noile venite situându-se cam pe aceeaşi linie economică. Problemele au devenit mai grave în timp, acutizându-se odată cu marea extindere spre est din 2004, şi s-au agravat şi mai mult în 2007, odată cu aderarea României şi Bulgariei, când diferenţa dintre cel mai bogat stat membru al Uniunii şi cel mai sărac a crescut dramatic. Oare ce se va întâmpla când va adera Moldova?

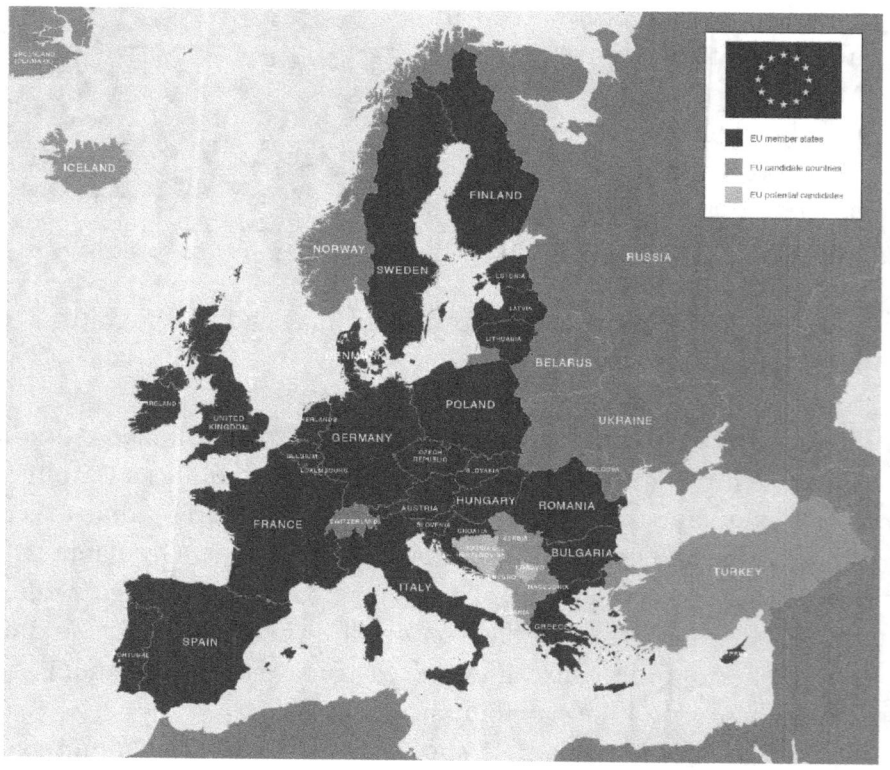

www.maproom.net

Şi este normal să ne întrebăm: până unde va merge extinderea? Care vor fi graniţele finale ale Uniunii? Care sunt criteriile reale pe baza cărora vrem să construim Uniunea Europeană?

De ce se amână *sine die* aderarea Turciei? Uniunea se sperie de cei 76 de milioane de locuitori ai săi? Dacă Turcia ar deveni stat membru, practic ar egala ca număr populaţia Germaniei, – este bine? E rău?

Dacă ar fi să ne gândim la evenimentele din istorie, turcii sunt mai degrabă europeni decât ucrainienii. Şi atunci, de ce îi amânăm? E problema de religie? Religia creştină faţă de religia musulmană? Vrem să avem o Uniune Europeană numai şi numai creştină, aşa cum s-a vehiculat ideea, nu de puţine ori, în cancelariile europene?

Pe teritoriul Uniunii sunt totuşi comunităţi musulmane, dar mici. Suntem pregătiţi ca, dacă nu este vorba de religie, să avem în 2030 mai mult de 90 de milioane de musulmani în cazul aderării Turciei?

Libera circulaţie a persoanelor în interiorul Uniunii este un principiu fundamental al pieţei unice, dar este el viabil într-o Uniune cu discrepanţe economice şi culturale majore?

Germania şi Franţa au fost iniţial eurofile, mai ales Germania văzând extinderea ca pe o barieră în calea expansiunii sovietice, dar acum se aud din ce în ce mai multe voci eurosceptice, ca şi în Franţa. Italia era o entuziastă a extinderii, entuziasm stins de ceva ani, mai ales ca urmare a nenumăratelor probleme generate de migraţie.

Statele membre care au aderat în 2004, respectiv 2007, au văzut acest pas ca pe o mană cerească, pasul salvator care să le scuture pe cele mai multe de povara grea a năravurilor proaste şi a economiilor nesănătoase din perioada comunistă. Polonia a devenit expertă în atragerea fondurilor europene, reuşind să obţină un loc fruntaş în acest sens, urmată de Portugalia, Grecia şi Spania, deşi acestea trei, fiind state membre mai vechi, ar fi trebuit să aibă mai multă experienţă.

La cele 28 de state membre ale Uniunii Europene din prezent (27 dacă Brexit se traduce în realitate în 2019), se vor adăuga mai devreme sau mai târziu şi alte ţări care sunt în diverse faze de negociere a apartenenţei.

Este interesant însă că Uniunea acceptă o mulţime de excepţii în relaţionarea cu ţări terţe în privinţa drepturilor şi libertăţilor: de exemplu, cetăţeni ai unor state care nu aparţin Uniunii Europene pot circula liber şi se pot stabili în Uniune dacă doresc, lucru valabil şi invers. Este cazul Norvegiei, Islandei şi Lichtensteinului, dar pentru acest drept al locuitorilor lor de a circula liber în statele Uniunii cele trei ţări trebuie să plătească o cotizaţie către Uniune şi să urmeze regulile Uniunii Europene chiar dacă nu sunt state membre şi nu au niciun cuvânt de spus în legătură cu aceste reguli.

Acest 'aranjament' se numeşte Aria Economică Europeană.

Oricum, excepţiile din cazul acestor trei ţări sunt interesant de studiat, pentru că apartenenţa la Aria Economică Europeană le permite să îşi aprobe propriile legi, în special cele legate de ferme, pescuit, taxe, justiţie şi politică externă.

Statutul Elveţiei este iarăşi foarte interesant: este neutru şi independent, nu face parte din Uniune dar face parte din Schengen, ceea ce înseamnă că cetăţenii europeni pot circula liberi prin Elveţia dar nu se pot stabili în această ţară. În schimb Regatul Unit, Cipru, Irlanda, România şi Bulgaria, deşi sunt state membre ale Uniunii Europene, nu fac parte din Schengen, unele pentru că nu au vrut, altele pentru că nu sunt dorite în acest spaţiu.

Nu este uşor să faci parte din eurozonă şi nu toate statele membre întrunesc criteriile de apartenenţă la această zona, dar, deşi Andorra, Monaco, San Marino şi Vatican nu sunt state membre ale Uniunii Europene, ele au adoptat moneda unică în baza unor acorduri speciale semnate cu Uniunea, având dreptul de a tipări şi folosi euro, pe când Danemarca, Suedia şi Regatul Unit, deşi sunt state membre şi întrunesc condiţiile de apartenenţă la eurozonă, au preferat să stea în afara zonei.

Şi acum, ce facem cu fostele imperii?

Insulele Canare şi Madeira din coasta Africii şi Insulele Azore din mijlocul Atlanticului aparţin Spaniei, respectiv Portugaliei, deci automat ar trebui să facă parte din Uniunea Europeană, dar campioana în materie de dominioane îndepărtate este Franţa, cu Saint-Martin, Guadalupe, Martinica în Caraibe, Reunion în Madagascar şi Guyana Franceză în America de Sud. Şi acestea trebuie deci să facă parte din Uniunea Europeană.

În tratatele Uniunii, aceste teritorii micuţe sunt cunoscute sub numele de Regiunile îndepărtate ale Uniunii Europene

În aceste condiţii, Uniunea întinsă din Madagascar până în America de Sud ocupă în teorie o treime de planetă!

Nu în ultimul rând, Regatul Unit are relaţii speciale complexe cu diverse ţări care au făcut parte din imperiu sau încă fac parte din Regatul Unit. Isle of Man, Guernsey şi Jersey sunt dependenţe ale Coroanei, pe când Bermuda, insulele Cayman, insulele Turks &Caicos, Gibraltar, insulele Virgine Britanice, Akrotiri şi Dhekelia, Anguilla, insula Sf Elena, Ascension, Tristan da Cunha, Montserrat, British Indian Ocean Territory, Insulele Falkland, Teritoriul Antarctic Britanic, insulele Pitcairn sunt teritorii britanice din străinătate, şi, în plus, mai avem 16 state suverane care însă o au ca monarh pe regina Angliei.

Aceste 16 state care o au pe regina Angliei monarh constituţional sunt: Canada, Australia, Papua Noua Guinee, Noua Zeelanda, Jamaica, Insulele Solomon, Belize, Bahamas, Barbados, Santa Lucia, Sf. Vincent şi Grenadinele, Grenada, Antigua şi Barbuda, Saint Kitts şi Nevis şi Tuvalu.

Nu numai Regatul Unit este în această situație, ci și Olanda, Danemarca și, din nou, Franța, tratatele Uniunii stipulând că teritoriile respective sunt teritorii din străinătate, care nu fac parte din Uniunea Europeană ci dintr-un aranjament special atât cu Uniunea cât și cu țările lor asociate. În general, legile Uniunii nu se aplică acestor teritorii, în realitate însă cetățenii acestor teritorii sunt cetățeni europeni pentru că au și cetățenia țării asociate așa că, potrivit tratatelor europene, ei se pot stabili oriunde pe teritoriul Uniunii dar reciproca nu este valabilă...

Simplu, nu???

PARLAMENTUL EUROPEAN

Parlamentul European (PE) este 'vocea cetăţenilor' (www.europarl.eu).

Din cinci în cinci ani, cetăţenii europeni cu drept de vot sunt invitaţi să îşi aleagă Membrii Parlamentului European (MEP).

Parlamentul European reprezintă cetăţenii Uniunii şi exercită funcţia legislativă în Uniune, împreună cu Comisia Europeană şi cu Consiliul European.

În momentul de faţă are 751 de membri aleşi prin vot universal, reprezentând cel mai mare electorat transnaţional din lume (380 milioane de alegători eligibili în 2014) şi al doilea cel mai mare electorat democratic mondial, după Parlamentul Indiei.

Este adevărat că interesul alegătorilor pentru această instituţie a scăzut considerabil, în 2014 prezentându-se la vot pentru alegerea europarlamentarilor doar 42,54% din alegătorii eligibili din statele membre, – prin alegător eligibil înţelegând cetăţenii din statele membre care au depăşit vârsta de 18 ani (16 ani în Austria).

Să înţelegem că acest dezinteres reflectă fragilitatea legăturii dintre alegători şi europarlamentari? Este vorba de ignoranţă sau nepăsare? Eurocriza a amplificat neîncrederea în instituţiile europene? Ca fapt divers, ştim numele europarlamentarului care ne reprezintă la nivelul Parlamentului European?

Ca ordine de precădere, Parlamentul European este 'prima instituţie' a Uniunii, menţionată prima în tratate şi împarte puteri

legislative şi bugetare egale cu Consilium. Nu în ultimul rând,
Comisia Europeană răspunde în faţa Parlamentului European.
Parlamentul alege Preşedintele Comisiei Europene şi aprobă sau
respinge Comisia ca întreg şi chiar poate să forţeze demisia Comisiei
prin adoptarea unei moţiuni de cenzură.

În ultimul timp, în special în urma Tratatului de la Lisabona,
puterea Parlamentului European a crescut, acum acesta având rolul
de colegislator în aproape toate domeniile, alături de Comisie şi
Consilium, dar trebuie să reţinem că doar Comisia are drept de
iniţiative legislative.

Ca organism ales de cetăţenii Uniunii, Parlamentul European
cooperează cu parlamentele din statele membre, având periodic
chiar şi adunări parlamentare mixte cu scopul de a putea integra mai
bine problemele naţionale în dezbaterile sale.

Procedura aplicată majorităţii legilor din Uniune este 'procedura
legislativă ordinară' sau 'procedura de codecizie'. În această situaţie,
Parlamentul şi Consiliul se află pe poziţii de egalitate iar legile adop-
tate în acest fel sunt acte comune. Domeniile în care se aplică această
procedură sunt: drepturile consumatorului, transportul şi protecţia
mediului.

Parlamentul European îşi exercită puterea de control asupra
celorlalte instituţii europene, în primul rând în legătură cu Comisia
Europeană, prin procedura de audiere a potenţialilor comisari când
urmează să se numească o noua comisie. Fără aprobarea Parlamen-
tului, aceştia nu pot fi numiţi. O moţiune de cenzură a Parlamentului
poate duce la demisia Comisiei Europene.

O altă funcţie importantă a Parlamentului European, este cea
legată de controlul finanţelor publice, Parlamentul şi Consiliul
Uniunii Europene stabilind bugetul anual al Uniunii. Proiectul de
buget nu intră în vigoare decât după ce Preşedintele Parlamentului îl
semnează.

Fiecare stat membru are alocat un număr fix de locuri în parlament, în funcție de procentul pe care populația acelui stat îl reprezintă față de populația Uniunii, pe principiul proporționalității degresive, adică țările cu populație mai mare au mai multe locuri față de țările mici, dar acestea din urmă au un număr de locuri mai mare decât dacă s-ar aplica stricta proporționalitate.

La ora actuală întâlnim state membre cu numai 6 locuri în Parlamentul European (cazul Maltei, Ciprului, Luxemburgului și Estoniei) dar și cu 96 de locuri (Germania). La rândul lor, fiecare europarlamentar are locul său numerotat și rezervat, așa încât președintele va ști întotdeauna cui îi dă cuvântul atât la Strasbourg cât și la Bruxelles, prin simpla consultare a diagramelor de alocare a fotoliilor.

Sistemul de votare variază de la stat la stat, dar este nevoie să fie o reprezentare cât de cât proporțională a partidelor politice din statele membre, așa încât atât partidele mari cât și cele mici să aibă șansa de a-și trimite reprezentanții în Parlamentul European, în funcție de numărul locurilor alocate.

Unele țări preferă să își împartă teritoriul în circumscripții electorale, altele preferă să organizeze votul la scară națională ca și cum ar fi o singură circumscripție.

De obicei, alegerile pentru europarlamentare durează patru zile, începând joia în Regatul Unit și terminându-se duminica în majoritatea celorlalte state. Odată cu ieșirea Marii Britanii probabil că întregul proces de votare se va scurta.

Alegerile sunt organizate de partidele politice naționale, însă, odată ales, un europarlamentar poate opta să devină membru al unui grup politic transnațional.

Desigur că a fi plasat într-o poziție eligibilă pe lista unui partid național pentru alegerile europarlamentare înseamnă un premiu pe care candidatul respectiv îl primește ca urmare a unor servicii făcute partidului respectiv (inclusiv sponsorizări consistente) şi nu neapărat ca urmare a competenţelor politice sau educaţionale ale acestuia.

Majoritatea partidelor politice sunt afiliate unor familii politice europene aşa că este foarte important rezultatul alegerilor pentru că în funcţie de acesta se va stabili jocul de putere în Parlamentul European, care dintre aceste grupuri va avea influenţa mai mare în următorul mandat. Este interesant că din ce în ce mai frecvent întâlnim o 'europenizare' a alegerilor naţionale, diverşi actori politici importanţi susţinând campaniile colegilor lor de convingeri politice şi ideologice: în 2012 Angela Merkel şi David Cameron l-au susţinut pe Sarkozy în Campania electorală din Franţa pe când Hollande a fost susţinut de prim-ministrul Belgiei, Ellio Di Ruppo.

Cei **751 de europarlamentari** sunt împărţiţi în prezent în **7 grupuri politice**, dar unii nu aparţin nici unui grup politic, fiind consideraţi deputaţi neafiliaţi. Dezbaterile sunt traduse simultan în 24 de limbi, regulile de desfăşurare a sedinţelor plenare fiind foarte stricte, tocmai pentru a asigura maxima eficienţă atât pentru europarlamentari, cât şi pentru suportul tehnic: asistenţi, funcţionari sau translatori.

Grupurile politice decid ce anume se va dezbate în plen şi pot introduce amendamente la rapoartele supuse votului. Un europarlamentar votează după cum îi dictează constiinţa, şi nu poate fi obligat de grupul său să voteze într-un anumit fel.

Fiecare grup politic are propria organizare internă, îşi desemnează un preşedinte sau co-preşedinţi, un birou şi un secretariat. Numărul minim de europarlamentari necesari pentru a constitui un grup politic este de 25, având cel puţin o pătrime din statele membre reprezentate în cadrul grupului (în prezent şapte state membre). Un europarlamentar poate aparţine unui singur grup politic. Dacă nu se înscrie în niciun grup, se consideră că este neafiliat/neînscris. Grupurile se caracterizează ca fiind de stânga, centru sau de dreapta, sau ca fiind eurofile sau eurosceptice.

Apartenența la un grup este importantă mai ales când este vorba de alocarea pozițiilor cheie din structurile organizatorice ale Parlamentului, cum ar fi președinția diverselor comitete sau poziția de raportor pentru dosare importante. Mai mult decât atât, cu cât un grup este mai mare și mai important, cu atât primește mai multe fonduri pentru activitatea să parlamentară. Am putea spune că, în aceste condiții, europarlamentarii neafiliați nu au prea multă greutate, având șanse extrem de subțiri de a fi aleși în poziții importante la nivelul Parlamentului European. Pe de altă parte, depunerea unei declarații scrise necesită ca aceasta să fie semnată de cel puțin 10 membri din cel puțin trei grupuri politice. Realizăm ușor că grupurile mici sunt de repetate ori ținta grupurilor mari când este nevoie de îndeplinirea acestor condiții.

Dacă există 40 de europarlamentari preocupați de aceeași problema, atunci pot adresa întrebări Consiliului sau Comisiei care trebuie să răspundă verbal într-o dezbatere, în schimb orice europarlamentar poate adresa întrebări la care să primească răspuns scris din partea Consiliului, Comisiei sau altei instituții europene. În același mod, orice europarlamentar poate participa la ,Question Time' – intervalul în care Comisia răspunde în sedințele plenare. Europarlamentarii pot da totodată explicații de un minut referitoare la vot.

Pentru a pregăti ședințele plenare, europarlamentarii își desfășoară activitatea într-un număr de 20 de comitete permanente. Un comitet are între 21 și 71 MEP, are un președinte, un birou și un secretariat. Structura politică a unui comitet reflectă structura politică din plenare.

Dezbaterile acestor comitete sunt publice și se desfășoară de două ori pe lună în Bruxelles. Comitetele sunte cele care formulează, amendează şi adoptă propuneri legislative şi întocmesc rapoarte din proprie intiţiativă. Tot ele analizează propunerile Comisiei şi Consiliului şi le prezintă în sesiunile plenare.

Dacă este cazul, Parlamentul European poate decide formarea de subcomitete sau comitete temporare.

Distribuţia locurilor în sală (hemiciclu) se face în funcţie de apartenenţa politică, de la stânga la dreapta, fiecare preşedinte de grup agreând aşezarea.

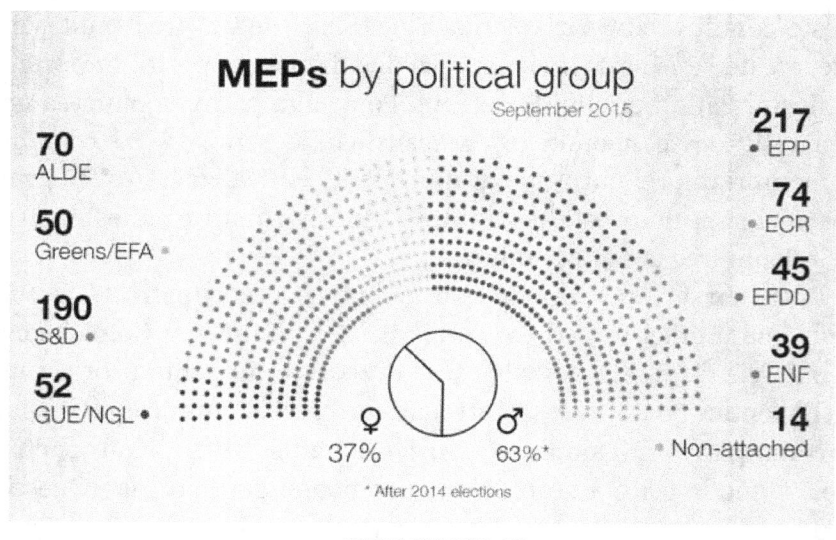

www.europa.eu

Schimbările în compoziţia fiecărui grup (sau neafiliaţi) rezultă în realocarea locurilor la începutul lunii următoare, dar se întâmplă efectiv numai la începutul anului financiar următor, când se alocă bugetul pentru fiecare grup în parte.

Fiecare grup politic are un buget anual pentru activităţile sale politice şi de comunicare, pe care îl primeşte la începutul fiecărui an, şi pentru a cărui cheltuire răspunde în faţa Parlamentului. Pentru europarlamentarii neafiliaţi, cheltuielile sunt stabilite de

Secretariatul Parlamentului care face plăţile direct furnizorilor sau decontează cheltuielile eligibile.

De exemplu, dacă un europarlamentar neafiliat decide să se înscrie într-un grup, atunci banii care i s-ar fi cuvenit acestuia ca neafiliat sunt transferaţi în bugetul grupului. Cu alte cuvinte, dinamica europarlamentarilor de la un grup la altul nu este numai o problemă de convingeri politice ci şi o problemă de influenţă în decizii şi o problemă de bani/ resurse mai multe şi mai mari. Acesta a fost un motiv de bază în 2015, când Marine Le Pen s-a străduit (şi a şi reuşit) să îşi formeze un grup politic pe care l-a numit Europa Naţiunilor şi Libertăţii (ENF) orientat pe o linie eurosceptică. Drept rezultat, în iulie 2015, Parlamentul European a decis ca ENF să primească 3 milioane de euro din fondurile europene. Dacă adunăm şi diversele granturi pentru grup, respectiv pentru partidele legate de acesta, fondurile ajung la aproximativ 17,5 milioane de euro pentru cei patru ani rămaşi până la încheierea mandatului. Nu-i rău deloc....

La ora actuală, în Parlamentul European sunt 8 grupuri politice:

Grupul Partidului Popular European (Creştin Democrat) (EPP) - *cel mai mare şi cu cele mai longevive partide europene în compoziţie*

Grupul Alianţei Progresiste a Socialiştilor şi Democraţilor din Parlamentul European (S&D) *- principalul grup de centru-stânga din Parlament, împreună cu EPP îşi alocă partea leului*

Conservatorii şi Reformiştii Europeni (ECR) - *după alegerile din 2014 au reuşit, surprinzător, să se plaseze pe a treia poziţie ca importanţă în Parlamentul European. Sunt mai degrabă conservatori socialişti decât promotori ai liberalismului economic*

Grupul Alianţei Liberalilor şi Democraţilor pentru Europa (ALDE) – *unul dintre cele mai euro-entuziaste grupuri politice din Parlamentul European,* *înclină balanţa în Parlament şi este curtat intens şi de EPP şi de S&D ori de câte ori este nevoie de o majoritate. Îsi exploatează bine poziţia*

Grupul Confederal al Stângii Unite Europene/ Stânga Verde Nordică (GUE/NGL) *– se situează la stânga spectrului politic şi întruneşte mai multe partide comuniste şi tradiţional socialiste precum şi aripa stângă a unor partide ecologiste din Scandinavia. Este un grup eurosceptic*

Grupul Verzilor / Alianţa Liberă Europeană (GREENS/EFA) *– alianţa între Ecologiştii Europeni şi Alianţa Liberă Europeană, reprezintă partidele concentrate pe interese naţionale sau regionale, cum ar fi partidul Catalan, SNP sau Plaid Cymru*

Grupul Europa Libertăţii şi Democraţiei Directe (EFDD) *– grupul conţine europarlamentari care nu sunt de acord cu ideea unei integrări europene dintr-o perspectivă de dreapta. La ora actuală cei mai mulţi membri sunt din UKIP*

Europa Naţiunilor şi Libertăţii (ENF) *– grup politic declarat anti-Uniunea Europeană, a apărut abia în 2015 prin asocierea mai multor europarlamentari neafiliaţi. Nucleul este format din membri ai Frontului Naţional Francez sub conducerea lui Marine Le Pen care asigură, de altfel, şi preşedinţia grupului*

Neataşaţi *– europarlamentari care nu au fost în stare să găsească suficienţi parteneri pentru a-şi face propriul grup sau care au fost respinşi de celelalte grupuri. Din grup face parte şi fondatorul Frontului Naţional Francez, Jean-Marie Le Pen, care a fost suspendat din partid pentru comentariul pe care l-a făcut, afirmând că 'holocaustul a fost un detaliu al istoriei'. Europarlamentarii neataşaţi au mult mai puţin* *timp alocat pentru luări de cuvânt şi mai puţine resurse administrative şi de secretariat.*

Fiecare grup politic are un secretariat finanţat din bugetul Parlamentului, numărul angajaţilor secretariatului depinzând de mărimea grupului.

În afara grupurilor, Parlamentul European are organisme politice responsabile de organizarea activităţii sale, de planificarea legislativă şi de problemele administrative şi de personal precum şi de problemele financiare.

Acestea sunt:

Conferinţa preşedinţilor*: responsabilă de organizarea lucrărilor Parlamentului şi programarea legislativă, stabileşte competenţele şi componenţa comisiilor şi delegaţiilor şi răspunde de relaţiile cu celelalte instituţii ale Uniunii, cu parlamentele naţionale şi cu ţările terţe. E formată din Preşedintele Parlamentului şi preşedinţii grupurilor politice plus un reprezentant al europarlamentarilor neafiliaţi dar acesta nu are drept de vot.*

Biroul*: este organul de reglementare al Parlamentului, stabileşte proiectul de buget, ia decizii privind problemele administrative, de organizare internă şi de personal. Numeşte Secretarul General care conduce serviciile administrative. E format din Preşedintele Parlamentului, cei 14 vicepreşedinţi şi cei cinci chestori. Chestorii au rol consultativ. Dacă în timpul dezbaterilor din Birou există egalitate de voturi, Preşedintele are votul decisiv. Biroul hotărăşte fondurile alocate partidelor politice reprezentate în Parlamentul European.*

Colegiul chestorilor*: răspunde de problemele administrative şi financiare ale europarlamentarilor. E for-*

mat din cinci chestori care sunt aleşi prin vot secret majoritar în trei tururi.

Conferinţa preşedintilor de comisie*: este organul politic al Parlamentului care asigură o mai bună cooperare între comisiile parlamentare. E formată din toţi preşedinţii comisiilor permanente şi temporare şi poate face recomandări Conferinţei preşedinţilor în probleme legate de lucrările comisiilor şi întocmirea ordinii de zi a şedinţelor plenare. Dacă este dezacord în privinţa repartizării competenţelor între comisii, aceasta poate oferi consiliere Conferinţei preşedinţilor.*

Conferinţa preşedintilor de delegaţie*: este organul politic care examinează problemele legate de funcţionarea delegaţiilor interparlamentare şi a delegaţiilor la comisiile parlamentare mixte. Este formată din preşedinţii tuturor delegaţiilor interparlamentare permanente şi poate face recomandări Conferinţei preşedinţilor cu privire la lucrările delegaţiilor. Face şi proiectul de calendar anual al reuniunilor interparlamentare şi al reuniunilor comisiilor parlamentare mixte.*

Şedinţele plenare sunt prezidate de preşedintele Parlamentului European, asistat de cei 14 vicepreşedinţi. Se poate întâmpla ca, în funcţie de marile probleme ale momentului şi evoluţia evenimentelor internaţionale, ordinea de zi a plenarei să fie modificată la cererea europarlamentarilor, pentru a face apel ca Uniunea să acţioneze în acea problemă.

După discursul de deschidere, preşedintele dă cuvântul europarlamentarilor, supraveghează dezbaterile, supune la vot amendamentele în discuţie şi anunţă rezultatele votului.

Cu excepţia lunii august, Parlamentul European are şedinţe plenare de câte patru zile (de luni până joi) la Strasbourg în fiecare lună. Perioada aceasta este numită în bruxelleză ,săptămâna roşie'. De şase ori pe an însă, se întruneşte în şedinţe plenare şi la Bruxelles câte două zile (miercuri şi joi).

Şedinţele plenare sunt dedicate în special dezbaterilor şi voturilor privind amendamentele, actele Parlamentului European fiind numai textele votate în sedinţele plenare şi declaraţiile scrise semnate de majoritatea europarlamentarilor.

Şedinţele plenare din ,săptămâna roşie' încep întotdeauna lunea la ora 17.00 această prima fază a întâlnirii europarlamentarilor fiind şi cea mai imprevizibilă din punct de vedere al conţinutului, deseori grupurile mici încercând să pună pe agenda unele subiecte contro-versate dar de interes pentru ele.

O problemă majoră cu care se confruntă europarlamentarii este cea a relaţionării dintre ei în timpul sedinţelor, întrucât vorbind diferite limbi trebuie să aştepte traducerea în cască a discuţiilor înainte de a avea de făcut un comentariu. Desigur că problema aceasta este şi mai importantă în timpul discuţiilor ,off-mike', – adică neînregistrate şi, ca urmare, neconsemnate, discuţii care de cele mai multe ori conţin elementele de bază care duc spre o anumită decizie.

Actele oficiale ale Parlamentului European sunt:

- *rapoartele legislative (texte examinate prin codecizie, aviz conform şi consultare)*

- *procedura bugetară (prin care, împreună cu Consiliul Uniunii Europene se stabilesc anual cheltuielile şi veniturile Uniunii)*

- *rapoartele nelegislative (elaborate în cadrul comisiei parlamentare competente prin care se atrage atenţia celorlalte instituţii europene, statelor membre sau chiar altor ţări asupra unui subiect)*

Bugetul Parlamentului European pentru anul 2014 a fost de 1,756 miliarde de euro, din care 35% sunt cheltuielile legate de personal, în special pentru cei 6000 de salariaţi care lucrează în Secretariatul General şi în grupurile politice. Bugetul acoperă şi costurile de interpretare, traducerile făcute de externi şi cheltuielile de deplasare ale personalului. E vorba de 614.600.000 €.

1. 27% din buget revin cheltuielilor europarlamentarilor, inclusive salarii, deplasări, birourile şi salariile asistenţilor personali. Adică 474.120.000 €.
2. 11% din buget (193.160.000 €) reprezintă cheltuielile legate de cele trei sedii ale Parlamentului şi cele 28 de birouri de informare din 28 de state membre: chirii, construcţii, întreţinere, pază, cheltuieli curente.
3. 21% din bani (368.760.000 €) sunt alocaţi pentru politica de informare şi cheltuieli administrative gen IT şi teleecomunicaţii iar 6% din buget (105.360.000 €) revin activităţilor grupurilor politice. (*www.europarl.europa.eu*)

Să nu confundăm bugetul alocat grupurilor politice cu finanţarea partidelor politice. Un partid politic la nivel European este o organizaţie cu un program politic bine conturat, compusă din partide naţionale ale statelor membre sau chiar din membri individuali, reprezentată în mai multe state membre.

Pentru a primi un grant de la Parlamentul European, un partid trebuie să aibă personalitate juridică în ţara unde este înregistrat, să fie reprezentat în cel puţin un sfert din statele membre de către europarlamentari sau de membri ai parlamentelor naţionale sau regionale sau membri ai adunarilor regionale, să respecte principiile libertăţii, democraţiei, drepturilor omului şi libertăţilor fundamentale şi statul de drept. Nu în ultimul rând, trebuie să fi participat la alegerile pentru Parlamentul European sau să îşi exprime intenţia de a participa.

La nivelul Uniunii, se consideră că partidele europene contribuie la exprimarea voinţei politice a cetăţenilor Uniunii Europene.

Începând cu anul 2004, partidele europene au putut primi bani de la Parlamentul European, sub formă de granturi care pot acoperi până la 85% din cheltuielile eligibile. Tratatul privind Uniunea Europeană reprezintă baza legală pentru aceste finanţări.

Cheltuielile eligibile în acest caz sunt reprezentate de organizarea de întruniri şi conferinţe, publicaţii, studii şi reclame, cheltuieli administrative şi de personal sau cheltuieli de campanie când aceasta este legată de alegerile europene.

Fiecare partid care întruneşte condiţiile de eligibilitate poate aplica pentru finanţare trimiţând către Parlamentul European o cerere până la data de 30 septembrie a fiecărui an, împreună cu programul de lucru şi bugetul pentru următorul an.

De îndată ce se primesc aplicaţiile şi sunt evaluate şi aprobate, fondurile sunt distribuite după cum urmează: 15% în părţi egale, restul de 85% distribuindu-se proporţional între cele care au membri aleşi în Parlamentul European.

Fiind vorba de sume impresionante, este interesant de văzut dinamica alianţelor partidelor în interiorul Uniunii.

În tabelul următor vedem granturile acordate partidelor politice în perioada 2004-2016:

European Parliament

Directorate-General for Finance
Directorate for Political Structures Financing and Resources Political Structures Financing Unit

Grants from the European Parliament to political parties at European level per party and per year

September 2016

Party	Address	Country	Website	Year	Maximum grant awarded (¬)	Final grant**** (¬)
Alliance for Direct Democracy în Europe	Square de Meeûs 37 B-1000	Belgium	www.addeurope.org	2015	1.241.725	
				2016	1.403.388	
Alliance of European Conservatives and Reformists	Rue d'Arlon 40 B-1000 Brussels	Belgium	www.aecr.eu	2010	1.016.275	32
				2011	1.140.478	63
				2012	1.285.913	
				2013	1.402.596	
				2014	1.958.083	1.943.434
				2015	1.951.521	
				2016	2.531.682	
Alliance of Liberals and Democrats for Europe Party (formerly European Liberal Democrat and Reform Party)	Rue d'Idalie 11 B-1050 Brussels	Belgium	www.aldeparty.eu	2004	618.896	46
				2005	894.454	81
				2006	883.500	88
				2007	1.133.362	1.022.344
				2008	1.115.665	1.115.665
				2009	1.179.191	1.179.191
				2010	1.553.984	1.553.984
				2011	1.815.770	1.815.770
				2012	1.950.344	1.950.344
				2013	2.232.476	2.232.476
				2014	2.812.798	2.812.798
				2015	2.093.480	2.093.480
				2016	2.337.149	
European Alliance for Freedom	2a Delmar, Flat 1, Brared St., Birkirkara	Malta	www.eurallfree.org	2011	372	36
				2012	360.455	357.089
				2013	385.323	384.064
				2014	521	52
				2015	496	49
				2016	390	
Alliance Européénne de Mouvements Naţionaux	rue de Boofzheim 2 F-67150 Matzenheim	France	www.aemn.info	2012	289	18
				2013	385.323	350.294
				2014	454.366	363.131
				2015	354	29
				2016	391	

Party	Address	Country	Website	Year	Maximum grant awarded (₪)	Final grant**** (₪)
Europeans United for Democracy (formerly EUDemocrats)	Nordkystvejen 2F DK-8961 Allingaabro	Denmark	www.europeansunitedfordemocracy.org	2006*	219	5?
				2007	234	22?
				2008	226	153
				2009	245	21?
				2010	211.125	176.069
				2011	259.852	166.803
				2012	241	19?
				2013	278	19?
				2014	353	27?
				2015	389	29?
				2016	430	
European Christian Political Movement	Bergstraat 33 NL-3811 NG Amersfoort	Netherlands	www.ecpm.info	2010	209	20?
				2011	259	25?
				2012	241.807	241.807
				2013	305.012	305.012
				2014	387	38?
				2015	460	46?
				2016	547	
European Democratic Party	Rue de l'Industrie 4 B-1000 Brussels	Belgium	www.pde-edp.net	2004	340	6?
				2005	459	25?
				2006	514	16?
				2007	526	15?
				2008	496	40?
				2009	492.487	249.084
				2010	505.617	423.886
				2011	598	37?
				2012	550	36?
				2013	571	43?
				2014	653	56?
				2015	651	45?
				2016	588	
European Free Alliance	Boomkwekerijstraat 1/4 B-1000 Brussels	Belgium	www.e-f-a.org	2004	165	16?
				2005	217	21?
				2006	222	22?
				2007	222	21?
				2008	226	22?
				2009	226	22?
				2010	339	33?
				2011	395	39?
				2012	384	38?
				2013	438	43?
				2014	554	52?
				2015	709	63?
				2016	777	
European Green Party	Rue Wiertz 31 B-1050 Brussels	Belgium	www.europeangreens.eu	2004	306	17?
				2005	568	56?
				2006	581	58?
				2007	631	63?
				2008	641	64?

Party	Address	Country	Website	Year	Maximum grant awarded (¬)	Final grant**** (¬)
				2009	643	64
				2010	1.054.999	1.054.999
				2011	1	
				2012	1	
				2013	1	
				2014	1	
				2015	1	
				2016	1	
European People's Party	Rue du Commerce 10 B-1000 Brussels	Belgium	www.epp.eu	2004	1	
				2005	2	
				2006	2	
				2007	3	
				2008	3	
				2009	3	
				2010	4	
				2011	6	
				2012	6	
				2013	7	
				2014	9	
				2015	8	
				2016	8	
Mouvement pour une Europe des Nations et des Libertés	Rue de Téhéran 3, F-75008 Paris	France	www.menleuropa.eu	2015	1	400
				2016	1	
a Movement for Euro pe Liber ties	Rue Cler, 18 F-75007 Paris	France	www.meldeuropa.com	2012	621	45
				2013	813	59
				2014	1	63
				2015	425	4
				-		
Party of European Socialists	Rue du Trône 98 B-1050 Brussels	Belgium	www.pes.eu	2004	1	
				2005	2	
				2006	2	
				2007	2	
				2008	3	
				2009	3	
				2010	3	
				2011	4	
				2012	4	
				2013	4	
				2014	6	
				2015	6	
				2016	7	
Party of the European Left	Square de Meeûs 25 B-1000 Brussels	Belgium	www.european-left.org	2004	210	120
				2005	365	365
				2006	518	439
				2007	526	524
				2008	536	536
				2009	562	562
				2010	708	708

Party	Address	Country	Website	Year	Maximum grant awarded (¬)	Final grant**** (¬)
				2011	846	846
				2012	835	835
				2013	947	947
				2014	1	1
				2015	1	
				2016	1	
Alliance for Peace and Freedom	Rogierlaan 199 B-1030 Brussels	Belgium	www.alliance-for-peace-and-freedom.com	2016	400	
Alliance for Europe of the Nations**	Bld du Prince Henri 27 -1724 Luxembourg	Luxembourg		2004	161	8
				2005	450	11
				2006	450	14
				2007	300	15
				2008	300	20
				2009	577	38
Alliance of Independent Democrats in	Rue Pasteur 34 F-69007 Lyon	France		2006	305	11
				2007	356	23
				2008	413	30
The Libertas Party	Moyne Park Tuam, Co	Ireland		2009**	202	

*: including, for the final grant, a correcţion approved în 2007 (ADIE), and în 2009 (EUD)
**: decision suspended on 5 February 2009
***:does not receive a grant from the EU budget anymore
***: final grant is established în the second half of the year following the year when the maximum possible grant was established

Nici europarlamentarii nu se pot plânge că stau pe degeaba în fotoliile lor.

Pentru începători, salariul de bază este fixat la 38,5% din salariul unui judecător de la Curtea Europeană de Justiţie. Un MEP (Membru al Parlamentului European) câştigă anual 147070 €, plus alocaţia de 254508 € pentru cabinetul său, plus alocaţiile de călătorie şi subzistenţă. Are dreptul la decontarea biletelor de călătorie first şi business class, decontarea a două treimi din cheltuielile medicale, aproape 200 litri de benzină lunar şi la o diurnă de 304 € pentru participarea la sesiunile parlamentare (gurile rele spun că este suficient să apară în seara respectivă la ora 22.00 şi a doua zi dimineata la 07.00, să semneze condica pentru a avea automat dreptul la încasarea diurnei pe două zile chiar dacă nu participă la nicio şedinţă. Se pare însă că la şedinţele plenare în care se votează, dacă europarlamentarul lipseşte la mai mult de jumătate din acestea, şi diurna i se reduce la jumătate).

Dupa 3 ani de mandat, un europarlamentar poate beneficia de o alocaţie de 'sfârşit de mandat' echivalentă cu salariul pe încă doi ani.

Pentru întâlnirile din afara Uniunii, alocaţia este de 152€ cu plata hotelului şi a micului dejun decontate separat.

Pentru a acoperi costurile secretariatului de acasă, un europarlamentar primeşte 4.299€ pe lună ca alocaţie generală, pentru care nu trebuie să prezinte nicio chitanţă, factură sau bon fiscal, deci în final poate folosi această sumă ca salariu suplimentar, dacă vrea.

În plus, europarlamentarilor francezi din teritoriile din străinătate (vezi capitolul 'Graniţele Uniunii Europene') li se decontează 24 de zboruri pe an către şi dinspre aceste teritorii. Aşa că nu este prea rău să zbori spre Guyana Franceză!

Pentru călătorii în alte ţări ale lumii un europarlamentar primeşte 4,243€, – este adevărat însă că are nevoie de o invitaţie la o şedinţă sau seminar.

Pentru invaliditate, un europarlamentar primeşte o sumă egală cu echivalentul salariului anual multiplicat de opt ori. Cei care ating vârsta de pensionare, adică 63 de ani, pot primi pensie 3,5% din salariu pentru fiecare an de mandat dar nu mai mult de 70% din salariu.

Plata salariilor asistenţilor europarlamentarilor se face dintr-un buget separat, fiecare europarlamentar având absolut aceeaşi sumă la dispoziţie pentru plata asistenţilor săi, indiferent de grupul politic din care face parte.

Una peste alta, cu toate sumele adunate, un europarlamentar ajunge să dispună de aproximativ 500.000 € pe an. Prin comparaţie, miniştrii şi parlamentarii statelor membre sunt extrem de defavorizaţi, veniturile acestora fiind substanţial mai mici decât cele ale 'omologilor' din Uniune.

Aşa cum spuneam, sediul oficial al Parlamentului European este la Strasbourg, în Franţa, unde acesta se reuneşte în sesiuni plenare de 12 ori pe an, dar activitatea 'de zi cu zi', respectiv reuniunile comisiilor parlamentare, se desfăşoară în sediul de la Bruxelles, în cei peste o jumatate de milion de metri pătraţi ai uriaşului complex de clădiri din Place de Luxemburg. Sunt situaţii în care este nevoie să se organizeze sesiuni plenare suplimentare, acestea desfăşurându-se tot la Bruxelles.

Faptul că Parlamentul European are două sedii oficiale este stabilit în tratatele europene şi numai Consiliul de Miniştri poate schimba acest lucru şi numai prin unanimitate de voturi. Desigur că nu sunt şanse ca această decizie să fie luată prea curând de Consiliu, mai ales din cauza obiecţiunilor aduse de Franţa.

Parlamentul mai are un sediu şi la Luxemburg unde se află Secretariatul Parlamentului European.

Clădirea Louise Weiss, – sediul de la Strasbourg al Parlamentului European, a generat ridicare de sprâncene încă de la finalizarea sa din decembrie 1999, multă lume întrebându-se de ce arată 'neterminată'. Una din explicaţii a fost că reprezintă 'natura nefinalizată a Europei', alţii au spus că este Turnul Babel contemporan, semanând izbitor cu pictura făcută în 1563 de Pieter Bruegel cel Bătrân. Această ultimă ipoteză a dus la comentarii suculente că sediul de la Strasbourg al Parlamentului ar fi continuarea operei tiranului Nimrod care, prin construirea Turnului Babel a vrut să îl sfideze pe Dumnezeu, deci este total nepotrivit pentru o instituţie democratică.

Acum, dacă ar fi să ne gândim la ce sume uriaşe sunt blocate pentru această cladire, – inclusiv sumele cu care s-au achiziţionat o mulţime de opere de artă pe care muritorul de rând european nu le va vedea niciodată, şi la eficienţa instituţiei ca atare, s-ar putea să găsim destule seminţe de scandal în problema aceasta. Exact ca la Turnul Babel...

De zeci de ani, în fiecare lună, aproape 4000 de persoane din care acum 751 sunt europarlamentari, asistenții acestora, diverși funcționari, translatori și interpreți, servicii IT, servicii de catering, servicii medicale și colaboratori sau angajați temporari se mută 400 de km de la Bruxelles la Strasbourg, cărând de fiecare dată mii de lăzi cu documente, calculatoare, acte și tot felul de echipamente.

O echipă specială de întreținere merge la Strasbourg cu câteva zile înainte de 'săptămâna roșie' numai pentru a învârti de fiecare robinet din fiecare toaletă și de a arunca la canal apa stătută.

Camioane întregi sunt în fiecare lună încărcate cu aceste lăzi și două trenuri speciale, plătite din banii contribuabililor, transportă lunar cam 1000 de politicieni, oficiali și pe câțiva dintre angajații acestora. Aceste trenuri au doar două stații: una la subsolul Parlamentului European din Bruxelles, cealaltă sub sediul din Strasbourg. Celelalte mii de persoane se deplasează cu alte mijloace de transport de la sediul permanent de la Bruxelles, către sediul 'oficial' de la Strasbourg. Numai transportul cutiilor cu documente, agende și alte hârtii costă peste 300.000 de euro pe an.

După patru zile povestea se repetă invers.

Evident că mutarea aceasta permanentă dintr-un sediu în altul a generat ani de zile și continuă să genereze dezbateri aprinse, criticii afirmând în repetate rânduri ca acest 'circ al deplasărilor' are un preț prea mare pentru contribuabilul european. Peste 115 milioane de euro costă anual această mutare, suma confirmată de un audit făcut de Curtea de Conturi în 2014. Relocarea sediului de la Strasbourg la Bruxelles ar aduce economii de 2,5 miliarde de euro în 50 de ani iar mutarea sediului de la Luxemburg la Bruxelles ar aduce pentru aceeași perioadă economii de 80 de milioane de euro.

Acest raport a arătat pentru prima oară foarte clar care sunt costurile acestui du-te-vino lunar.

Este înţeleaptă încăpăţânarea Franţei? Mai este cazul să luăm în considerare acum, în 2016, argumentul Germaniei că păstrarea sediului de la Strasbourg este un simbol al reconcilierii după cel de-al doilea Razboi Mondial???

Este adevărat că, pentru un oraş mic ca Strasbourg, contează enorm să ai câte patru zile pe luna un aflux de aproape 8000 de persoane, – pentru că în afara politicienilor, a staffului acestora şi serviciilor de suport mai apar şi specialiştii în lobby şi sute de jurnalişti care trebuie să acopere evenimentul.

Franţa va ţine cu dinţii de dreptul sau de veto în privinţa acestei probleme, motivând că pentru regiune acest flux de persoane şi servicii este esenţial. Sediul de la Strasbourg este stipulat prin tratatul din 1992, lucru care se poate abroga doar dacă toate statele agreează. Şi, evident, Franţa nu agreează.

Ca un exemplu, în 'săptămâna roşie' tarifele hotelurilor se dublează peste noapte, un europarlamentar facând la un moment dat chiar gestul de a-şi rezerva camera la hotel în avans pentru cinci ani de zile aşa încât aceasta să rămână la o rată rezonabilă ca preţ.

Ca fapt divers, în 2005-2006 Parlamentul a negociat cumpărarea unei clădiri din Strasbourg, folosită de ani de zile pentru birourile angajaţilor şi ale câtorva europarlamentari. Negocierea venea ca o urmare a politicii Parlamentului de a achiziţiona toate clădirile pe care le ocupă. Clădirea în discuţie fusese cândva parte a portofoliului imobiliar al Fondului Olandez de pensii.

Parlamentul plătea chirie primăriei din Strasbourg pentru această clădire, primăria trebuind să verse suma respectivă în contul Fondului.

În loc de a face acest lucru, aşa după cum a descoperit Parlamentul, primăria a 'evaporat' banii, adică peste 30 de milioane de euro pe o perioadă de 30 de ani.

Binenînţeles că a urmat un adevărat scandal, primarul motivând că de fapt a trebuit să compenseze cu suma respectivă cheltuielile suplimentare generate de prezenţa Parlamentului la Strasbourg, – explicaţie extrem de subţire şi neîntemeiată.

Parlamentul European decide sistarea plăţilor către Strasbourg şi ameninţă că va reduce dramatic numărul angajaţilor şi al birourilor acestora din oraş. Evident că toţi cei anti-Strasbourg au jubilat, punând presiune pe preşedinte să ridice problema sediului oficial al Parlamentului în Consiliul European, – problemă spinoasă pe care nimeni nu prea dorea să o atace frontal.

Cineva din Comitetul pentru Buget a sugerat să fie implicate şi preşedinţia Franţei şi, Joseph Daul, europarlamentar francez, a fost rugat să convingă Palatul Elysees să intervină.

Rezultatul a fost că un 'înalt funcţionar francez de stat', – inspector de finanţe pensionat, a apărut ca să identifice o soluţie pentru această problemă, iar în final, pentru o sumă ceva mai mare decât cea propusă iniţial, Parlamentul a cumpărat două clădiri la Strasbourg şi subiectul mutării sediului permanent a fost din nou închis.

Pentru o Uniune care susţine tot timpul că grija pentru protecţia mediului trebuie să fie o prioritate absolută şi este obsedată de schimbările climatice, se pare că această deplasare, – echivalentă în poluare cu emisiile a 12000 de automobile mergând în jurul Pamântului, nu are totuşi importanţă.

În schimb s-a dat o circulară prin care se specifică faptul că între sesiunile plenare de la Strasbourg toate televizoarele vor fi deconectate. Cu alte cuvinte, să înţelegem că înaintea acestei circulare televizoarele mergeau încontinuu, chiar dacă europarlamentarii erau la Bruxelles??? Tot în circulară se specifică şi modul în care alesul poate da drumul la aparat: 'când sosiţi la biroul dvs din Strasbourg, va trebui să comutaţi televizorul pe *on* înainte de a folosi telecomanda pentru a selecta canalul dorit. (Comutatorul este situat în spatele televizorului). Vă rugăm să reţineţi că puteţi adresa către

LSU MEP Helpdesk cererea individuală de pornire a televizorului din biroul dvs. dacă doriţi ca acest lucru să fie făcut inainte de sosirea dvs'.

Europarlamentarii sunt sătui până peste cap de toată această tevatură între două sedii şi au votat la sfârşitul anului 2013, printr-o majoritate de trei la unu, ca sistemul Parlamentului cu două sedii să fie anulat. Din păcate iniţiativa lor a ramas fără ecou.

Accesul în Parlamentul European de la Bruxelles, ca şi în orice altă instituţie europeană, se face pe baza unor documente de identificare: legitimaţii, paşaport, carte de identitate. Însă cel mai rapid mod de a intra la Parlament este să obţii o invitaţie din partea unui europarlamentar sau a unui membru al cabinetului său. Acesta te înregistrează şi te însoţeşte fie la centrul de acreditare fie la intrarea care îţi va elibera un permis de acces.

Ca la toate celelalte instituţii europene, nu este suficient să ai doar permisul de acces, ci trebuie să treci prin nenumărate filtre, detectoare de metale similare celor de la aeroport şi uşi cu coduri speciale sau care se deschid doar cu card magnetic. Toate aceste măsuri au fost înăsprite după actele teroriste din primăvara lui 2016.

Etajul trei al Parlamentului European este cel care uneşte de fapt toate clădirile instituţiei, cel mai aglomerat şi unde 'se întâmplă lucrurile' în realitate, deşi birourile preşedintelui Parlamentului, ale Secretarului General şi ale staffului acestora sunt la etajele superioare.

În zilele în care sunt sesiuni, mai mult de zece mii de persoane se pot afla în clădirea Parlamentului.

CONSILIUL EUROPEAN ŞI CONSILIUM

Consiliul European şi Consiliul Uniunii Europene sunt două instituţii legate foarte strâns, cu nume similar, care împart aceleaşi clădiri şi acelaşi personal, respectiv Secretariatul General al Consiliului (GSC), în schimb rolurile lor şi componenţa diferă.

Ambele instituţii lucrează pe o arie largă de probleme, cum ar fi lupta Uniunii împotriva terorismului, adoptarea de către Uniunea Europeană a sancţiunilor, structurarea uniunii bancare sau identificarea de soluţii în problema migraţiei.

Consiliul European este format din şefii de stat şi de guvern ai statelor membre ale Uniunii Europene la care se adaugă preşedintele Consiliului European şi preşedintele Comisiei Europene. Este cel mai înalt nivel de cooperare dintre statele membre, misiunea sa constând în definirea direcţiei politice şi priorităţilor generale pentru Uniune, dar nu negociază şi nici nu adoptă acte legislative, în schimb stabileşte agenda politică a Uniunii. Majoritatea deciziilor adoptate de Consiliul European sunt adoptate de acesta prin consens, deşi în anumite cazuri specificate în tratate este nevoie ca adoptarea deciziilor să se facă prin majoritate calificată sau în unanimitate. În aceste ultime două situaţii nu participă la vot preşedintele Consiliului European şi nici preşedintele Comisiei Europene.

Membrii Consiliului European se întâlnesc de cel puţin două ori pe semestru la Bruxelles, la aceste 'reuniuni la nivel înalt' trebuind să participe şi 'Înaltul Reprezentant al Uniiunii pentru afaceri externe şi politică de securitate'. La sfârşitul reuniunilor se formulează 'concluzii' care arată deciziile luate, inclusiv specificarea acţiunilor care trebuie întreprinse. Cu alte cuvinte, este stabilită agenda politică a Uniunii.

Concluziile Consiliului European pot stabili şi termene privind ajungerea la un accord sau pentru prezentarea unei propuneri legislative.

Înaintea fiecărei reuniuni la nivel înalt, preşedintele Consiliului European elaborează orientările pentru concluzii. Aceste orientări sunt discutate în cadrul Consiliului de Afaceri Generale şi, ulterior, sunt adoptate în cadrul reuniunii. La începutul fiecărei reuniuni participă preşedintele Parlamentului European care exprimă opiniile Parlamentului.

Concluziile Consiliului European de la reuniunile formale sunt disponibile în registrul public, pe când cele de la reuniunile informale nu sunt în registrul public.

În 2014 Consiliul European a adoptat agenda strategică a Uniunii, specificând domeniile prioritare pentru următorii cinci ani:

> **Locuri de muncă, creştere economică şi compe-titivitate** *(cu proiecte ambiţioase gen finalizarea pieţei unice digitale până la finele anului 2015, îmbunătăţirea accesului IMM-urilor la finanţare şi investiţii, îmbunătă-ţirea infrastructurii, finalizarea până în 2015 a negocie-rilor legate de TTIP (parteneriatul transatlantic pentru comerţ şi industrie), – finalizare deja eşuată în 2016 şi, nu în ultimul rând, consolidarea guvernanţei şi a coordonării politice în eurozonă).*

> **Autonomizare şi protejare a cetăţenilor,** *– prin proiecte de combatere a sărăciei şi excluziunii sociale cum ar fi acţiuni de combatere a şomajului în rândurile tinerilor sau combaterea evaziunii şi a fraudei fiscale.*

Politici privind energia şi clima, – *prin acţiuni de finalizare a pieţei energetice a Uniunii Europene, dezvoltarea infrastructurii energetice, diversificarea surselor şi a rutelor de aprovizionare cu energie, toate acestea pentru a obţine energie sigură şi durabilă la preţuri accesibile. Nu în ultimul rând, monitorizarea schimbărilor climatice şi iniţierea de acţiuni de prevenire a acestora.*

Libertate, securitate şi justiţie – *obiectiv cheie al Uniunii. Se specifică acţiunile de cooperare la nivelul Uniunii privind problemele de Securitate cum ar fi terorismul şi imigraţia, cu accent pe mai buna gestionare a migraţiei, inclusiv a celei neregulamentare şi a azilului, gestionarea frontierelor, prevenirea şi combatere corupţiei, terorismului şi a criminalităţii organizate, precum şi îmbunătăţirea cooperării judiciare între statele membre.*

Actor mondial important şi puternic – *prin asigurarea consecvenţei dintre obiectivele de politică externă ale statelor membre şi cele ale Uniunii, promovarea stabilităţii şi a democraţiei în ţările cele mai apropiate de Uniune, implicarea partenerilor la nivel mondial în problemele privind comerţul, drepturile omului, gestionarea crizelor şi securitatea cibernetică.*

(www.consilium.europa.eu)

Consiliul European are o reuniune în luna martie a fiecărui an, reuniune în care evaluează atât situaţia economică din Uniune cât şi progresele legate de realizarea obiectivelor agendei Europa 2020. Ca rezultat al acestor evaluări, Consiliul European enunţă orientările politice legate de reformele fiscale, economice şi structurale.

În schimb, la reuniunea din iunie, Consiliul European aprobă recomandările finale specifice fiecărui stat membru, determinând priorităţile acestuia pentru următorul an.

Detalii privind agenda strategică a Consiliului European se găsesc la *www.register.consilium.europa.eu*

Consiliul European şi preşedintele acestuia sunt sprijiniţi de Secretariatul General al Consiliului Uniunii Europene (GSC), secretariat care deserveşte şi Consiliul Uniunii Europene. Personalul Secretariatului General se află la dispoziţia preşedintelui, inclusiv Direcţia pentru chestiuni de politică generală, Serviciul juridic, direcţiile generale de politică (Ecofin, JAI, mediu), serviciile de traducere, biroul de presă, Serviciul de protocol etc. Preşedintele Consiliului European are propriul cabinet.

Consiliul European a fost creat în 1974, în cadrul summit-ului de la Paris, intenţia fiind de constituire a unui forum informal de discuţii între şefii de stat sau de guvern. Prima să reuniune sub această formă a avut loc în următorul an la Dublin.

Activitatea acestuia se conturează în rezultate din ce în ce mai importante, în 1985 ajungându-se la Acordul Schengen care va permite persoanelor să călătorească fără să li se verifice paşapoartele la frontierele interne, dar care va deveni valabil abia zece ani mai târziu, în 1995, şi nu pentru toate statele membre.

Tot în 1985 Consiliul European ajunge la acord politic privind Actul Unic European, care din 1987 va institui piaţa internă cu toate consecinţele ei privind libera circulaţie a marfurilor, persoanelor, serviciilor şi capitalului. Prin Actul Unic European începe cooperarea în domeniul politicii externe şi se adaugă domenii în care votul prin majoritatea calificată se foloseşte în procesul decizional al acestui organism. Prin Actul Unic European se conferă caracter juridic Consiliului European, reuniunile acestuia devenind astfel oficiale.

În 1993, prin intrarea în vigoare a Tratatului de la Maastricht, se creează uniunea economică şi monetară şi se stabilesc cele două politici noi: CFSP – politică externă şi de securitate comună, şi JAI – politică de cooperare în domeniul justiţiei şi al afacerilor interne.

1997 marchează crearea Eurogrupului, organism informal care reuneşte miniştrii de finanţe din eurozonă, iar în 1999, prin Tratatul de la Amsterdam, Acordul Schengen este integrat în dreptul Uniunii.

În 2002 intră în circulaţie moneda unică europeană înlocuind monedele naţionale din unele state membre, iar în 2003, prin Tratatul de la Nisa se reformează instituţiile Uniunii pentru pregătirea extinderii masive a Uniunii, dar se reformează şi activitatea Consiliului, extinzându-se votul cu majoritate. Începând din octombrie 2003 toate reuniunile oficiale ale Consiliului European se desfăşoară la Bruxelles, în clădirea Justus Lipsius de lângă sediul Berlaymont al Comisiei Europene.

2004 marchează cea mai mare extindere, prin aderarea a zece noi ţări: Cehia, Cipru, ţările baltice (Estonia, Letonia şi Lituania), Malta, Polonia, Slovacia, Slovenia şi Ungaria, Uniunea ajungând la 25 de membri la care, în 2007 s-au adăugat Bulgaria şi România, iar în 2013 şi Croaţia.

În 2009 intră în vigoare tratatul de la Lisabona, reformând substanţial structura şi funcţionarea Uniunii, extinzându-se utilizarea votului cu majoritate calificată. Consiliul European devine instituţie de sine stătătoare, alături de celelalte şase instituţii ale Uniunii, cu preşedinte propriu. Anterior, poziţia de şef al Consiliului European era neoficială, revenind şefului de stat sau de govern al statului membru care deţinea preşedinţia prin rotaţie.

În decembrie 2009, Fredrik Reinfeldt, – prim-ministrul Suediei, prezidează pentru ultima oara reuniunea la nivel înalt, în calitate de şef de guvern al statului care deţinea preşedinţia prin rotaţie a Consiliului European.

Preşedintele Consiliului European

La ora actuală preşedintele Consiliului European este Donald Tusk, fostul prim-ministru al Poloniei şi co-fondatorul Platformei Civice din această ţară. În mai puţin de un an de la investitură a reuşit să inveţe limba engleză practic de la zero şi să se adapteze noului rol.

Rolul preşedintelui este specificat în Tratatul privind Uniunea Europeană, în esenţă constând în prezidarea reuniunilor Consiliului European şi impulsionarea lucrărilor acestuia, asigurarea pregătirii reuniunilor şi continuitatea lucrărilor acestuia cooperând cu preşedintele Comisiei Europene şi pe baza lucrărilor structurii de Afaceri Generale a Consiliului. Tot preşedintele trebuie să faciliteze coeziunea şi consensul în cadrul Consiliului European şi să prezinte Parlamentului European un raport după fiecare reuniune la nivel înalt.

Preşedintele asigură şi reprezentarea externă a Uniunii Europene în privinţa problemelor legate de politică externă şi de securitate comună împreună cu Înaltul Reprezentant pentru afaceri externe şi politică de Securitate. Asigură reprezentarea externă împreună cu preşedintele Comisiei Europene şi la întâlnirile internaţionale de la nivel înalt.

Consiliul European îşi alege preşedintele prin metoda votului cu majoritate calificată, pentru un mandat de 2,5 ani care se poate reînnoi doar o dată. Persoana aleasă ca preşedinte nu are voie să deţină nicio funcţie la nivel naţional, evitându-se în acest fel suspiciunea că ar favoriza o decizie sau alta.

Preşedintele are propriul său cabinet, Cabinetul preşedintelui, personalul şi birourile acestuia aflându-se în cladirea Justus Lipsius din Bruxelles.

În 2014 salariul său anual a fost de 306.655 € impozabil, la care s-au adăugat cheltuieli de reprezentare de 17.016 € şi o alocaţie pentru rezidenţă de 46.000 €. În 2014, venitul total al preşedintelui Tusk, inclusive alocaţiile, a fost de 369,669 €.

Consiliul Uniunii Europene (Consiliul)

Consiliul Uniunii Europene, factor decizional esenţial al Uniunii, reprezintă guvernele statelor membre şi este format din miniştrii naţionali din fiecare stat membru care se întrunesc pentru a coordona politicile şi a negocia şi adopta legi.

Atribuţiile principale ale Consiliului sunt:
1. să negocieze şi să adopte legislaţia Uniunii;
2. să coordoneze politicile statelor membre;
3. să dezvolte politica externă şi de securitate comună a Uniunii Europene;
4. să încheie acorduri internaţionale;
5. să adopte bugetul Uniunii.

Împreună cu Parlamentul European, Consiliul negociază şi adoptă acte legislative prin procedura legislativă ordinară cunoscută sub numele de codecizie.

Procedura de codecizie se aplica în domenii de politică în care Uniunea are competenţă exclusivă sau competenţă partajată cu statele membre. În aceste cazuri Consiliul legiferează pe baza propunerilor făcute de Comisia Europeană.

Consiliul răspunde de coordonarea politicilor economice şi bugetare ale statelor membre, consolidează cadrul bugetar al Uniunii, coordonează pieţele financiare şi fluxurile de capital şi se ocupă de aspectele juridice ale monedei unice. Tot acest organism adoptă politicile cadru ale Uniunii în privinţa educaţiei, culturii, tineretului şi sportului.

Pe baza concluziilor Consiliului European, Consiliul elaborează orientări şi recomandări pentru statele membre în privinţa ocupării forţei de muncă.

Tot pe baza concluziilor Consiliului European, Consiliul defineşte politica externă şi de securitate a Uniunii, punând-o în aplicare. În această zonă intră inclusiv ajutorul umanitar şi pentru dezvoltare al Uniunii, apărarea şi comerţul. Împreună cu Înaltul Reprezentant pentru afaceri externe şi politica de Securitate, Consiliul asigură unitatea, coerenţa şi eficacitatea acţiunii externe a Uniunii.

Pentru negocierile dintre Uniunea Europeană şi ţări terţe sau organizaţii internaţionale, Consiliul mandatează Comisia, decizând la sfârşitul negocierilor, pe baza propunerilor comisiei, dacă se semnează sau nu acordul respectiv. După aprobarea Parlamentului şi după ce acordul a fost ratificat de toate statele membre, Consiliul adoptă decizia finală de încheiere a acordului.

Puţină istorie

Prin Tratatul de la Paris semnat în 1951, se crease cadrul instituţional în baza căruia se înfiinţa o Înaltă Autoritate, un Consiliu Special, o Adunare şi o Curte, principalul rol al Consiliului fiind de control al Înaltei Autorităţi prin emiterea de avize.

Prima reuniune a Consiliului a fost în 8 septembrie 1952 la Luxemburg, Consiliul devenind practic a doua instituţie care a început să lucreze în baza Tratatului de înfiinţare a Comunităţii

Europene a Cărbunelui şi Oţelului. Cu această ocazie s-a pus accentul pe faptul că noua organizaţie este primul pas pe drumul unei integrări europene sporite. Cu două zile mai târziu, miniştrii de externe adoptă o rezoluţie prin care solicită Adunării să pregătească un proiect de tratat privind crearea unei comunităţi politice europene, cu mai mulţi membri şi cu caracter supranaţional.

Intenţia frumoasă nu s-a materializat din simplul motiv că Franţa a hotarât în 1954 să nu ratifice Tratatul de instituire a Comunităţii Europene de Apărare care ar fi trebuit să fie supravegheată de Comunitatea Politică Europeană, aşa că ambele proiecte generoase au murit din faşă.

Prin Tratatul de la Roma se instituie Comunitatea Economică Europeană (CEE) şi Comunitatea Europeană a Energiei Atomice, cu structură similară Comunităţii Economice a Cărbunelui şi Oţelului (CECO). Şi aceste două instituţii aveau o Comisie, un Consiliu şi, împreună cu CECO, o Adunare şi o Curte, dar deja Consiliul ca entitate devine un organism decizional important.

Miniştrii au decis şi constituirea Comitetului Reprezentanţilor Permanenţi (COREPER), Comitetului Economic şi Social şi a Adunării.

Evident că la scurt timp s-a ivit nevoia de a se coordona activitatea celor trei Comunităţi, în mai puţin de doi ani toate instituţiile având pe agendă problema fuziunii organismelor executive. Motivele acestei absenţe sunt diverse, anii '60 erau în sine ani dificili, contextul politic era delicat şi majoritatea politicienilor preferau un balet pe sârmă, totul pivotând în jurul temei centrale: puterea şi banii!

Potrivit tratatelor, ar fi trebuit ca 1965 să aducă acorduri în privinţa a două probleme esenţiale referitoare la Comunitate: finanţarea politicii agricole comune (PAC) şi folosirea sporită a votului cu majoritate calificată în reuniunile Consiliului.

Regulamentele privind finanțarea PAC valabile până la data respectivă urmau să își înceteze valabilitatea în iulie 1965. Încă din 1964 Consiliul Comunității Economice Europene ceruse Comisiei să înainteze o propunere legată de finanțarea PAC pentru următorii cinci ani. La acea vreme, președintele Comisiei Europene era Walter Hallstein, care a profitat de ocazie pentru a propune o revizuire globală a structurilor financiare ale Comunității Economice Europene, a responsabilităților Adunării Parlamentare și chiar ale Comisiei. El a vrut extinderea competențelor bugetare ale Adunării și responsabilități mai mari pentru Comisie.

În plus, – și lucrul acesta a generat mari și aprigi dispute, Hallstein a vrut ca sistemul de resurse al CEE să nu se mai bazeze pe contribuțiile naționale ale statelor membre, ci să devină un sistem de resurse proprii.

Să nu uităm că în același timp instituțiile se pregăteau pentru faza următoare a perioadei de tranziție: instituirea pieței comune.

Potrivit pașilor deja stabiliți, această a treia fază în crearea pieței comune interne prevedea o creștere a aplicării procedurii votului cu majoritate calificată în Consiliu.

Și acum apare adevărata problemă a Franței: Comunitate Economică Europeană cu resurse proprii, Comisie puternică și folosirea tot mai frecventă a votului cu majoritate calificată nu corespundeau viziunii președintelui Franței, Charles de Gaulle, despre integrarea europeană.

În 1965, în plină reuniune a Consiliului, ministrul francez al agriculturii, Edgar Pisani, și ministrul francez de finanțe, Valery Giscard d'Estaing și-au exprimat dezacordul față de propunerile Comisiei privind finanțarea Politicii Agricole Comune dar și față de celelalte cinci state membre ale comunității, au părăsit reuniunea și a doua zi Franța și-a rechemat la Paris reprezentantul permanent de la Bruxelles, generând ceea ce se va numi 'criza scaunului gol', criza care a durat mai mult de șase luni.

Abia în ianuarie 1966 în urma declaraţiei Consiliului potrivit căreia Comisia şi Consiliul au ajuns la un acord în privinţa viitoarelor relaţii dintre ele, precum şi în privinţa votului cu majoritate calificată, s-a ajuns la un compromis cuoscut în istoria Uniunii Europene drept 'reconcilierea de la Luxemburg'.

În baza acestui compromis, denumit mai târziu „un acord pentru dezacord", când deciziile care trebuie adoptate prin vot cu majoritate calificată sunt percepute de un stat membru ca afectând interese sale naţionale vitale, Consiliul trebuie să „depună eforturi, într-un termen rezonabil, în vederea identificării unor soluţii care pot fi adoptate de toţi membrii Consiliului, respectând totodată propriile interese reciproce şi pe cele ale Comunităţii".

Efectele compromisului de la Luxemburg asupra procesului de integrare europeană nu au fost benefice, creându-se precedent şi dând ulterior statelor membre, ocazia de a suspenda sau chiar anula anumite propuneri.

De atunci, tratatele fondatoare au fost modificate de cinci ori, fiecare modificare adăugand noi domenii de competenţă şi contribuind la transparenţa procedurilor. Iar Comunitatea Economică Europeană a devenit ceea ce astazi se numeste Uniunea Europeană şi numară 28 de state.

Cum lucrează Consiliul

Aşa cum spuneam, Consiliul este entitate juridică şi, în funcţie de subiectul abordat, se reuneşte în diferite formaţiuni, competenţa fiecărei formaţiuni decurgând din practică. Acest lucru este valabil pentru toate subiectele, cu excepţia formaţiunilor 'Afaceri generale' şi 'Afaceri externe'.

Lucrările Consiliului Uniunii Europene sunt pregătite de Comitetul Reprezentanţilor Permanenţi ai statelor membre (COREPER) şi de alte comitete şi grupuri specializate.

Orice act juridic cu privire la un subiect care intră în domeniul de competență al Uniunii se poate adopta în mod formal de orice formațiune a Consiliului, actul având aceeași valoare juridică, indiferent de formațiunea care l-a adoptat.

Nu există o ierarhie a formațiunilor Consiliului, deși Consiliul Afaceri Generale deține rolul de coordonator și răspunde pentru chestiunile instituționale sau administrative. În același mod, trebuie să tinem cont de competențele specifice Consiliului Afaceri Externe care '*elaborează acțiunea externă a Uniunii, în conformitate cu liniile strategice stabilite de Consiliul European și asigură coerența Uniunii*'.

Fiind entitate juridica unică, și funcția de Președinție a Consiliului este unică, normele aplicabile Președinției aplicându-se oricărei persoane care prezidează formațiunile Consiliului sau unuia din grupurile de pregătire ale Consiliului.

Cele zece formațiuni ale Consiliului sunt:
1. Afaceri Generale
2. Afaceri Externe (inclusiv politica europeană de Securitate și apărare și cooperarea pentru dezvoltare)
3. Afaceri Economice și Financiare (inclusiv bugetul)
4. Justiție și Afaceri Interne (inclusive protecția civila)
5. Ocuparea Forței de Muncă, Politica Socială, Sănătate și Consumatori
6. Competitivitate (piața internă, turism, industrie, cercetare și spațiu)
7. Transporturi, Telecomunicații și Energie
8. Agricultură și Pescuit
9. Mediu
10. Educație, Tineret, Cultură și Sport (inclusiv audiovizual)

Reuniunile 'jumbo' care cuprindeau două sau mai multe formaţiuni au devenit rare, dar este totuşi posibil ca la aceeaşi formaţiune a Consiliului să participe mai mult de un ministru, Preşedinţiei revenindu-i sarcina de a grupa punctele de pe ordinea de zi, înlesnindu-i astfel sarcina ministrului respectiv.

Asa cum se întâmplă în toată lumea, multe decizii importante se iau în timpul meselor, – nici Consiliul nu face excepţie de la acest lucru, dar indiferent ce se agreează la masă decizia trebuie adoptată într-o reuniune oficială.

Preşedinţia Consiliului poate organiza reuniuni informale ale miniştrilor pentru a înlesni schimbul de idei şi de opinii, dar aceste întâlniri nu intră în cadrul normelor de procedură stabilite prin tratate. O Preşedinţie nu poate organiza mai mult de cinci reuniuni ministeriale pe toată durată mandatului sau.

Asa cum spuneam, *Consiliul Afaceri Generale* pregăteşte reuniunile Consiliului European, urmărind, în colaborare cu preşedintele Consiliului European şi cu Comisia, îndeplinirea măsurilor adoptate, coordonarea generală a politicilor, a chestiunilor instituţionale şi administrative, inclusiv dosarele orizontale ale Uniunii, cum ar fi extinderea şi cadrul financiar multianual.

Cu cel puţin patru săptămâni înaintea fiecărei reuniuni ordinare a Consiliului European, preşedintele Consiliului European, colaborând cu statul membru care deţine preşedinţia prin rotaţie a Consiliului şi cu preşedintele Comisiei, face un proiect adnotat al ordinii de zi pe care îl transmite Consiliului Afaceri Generale.

Consiliul Afaceri Generale dezbate proiectul de orientări pentru concluziile Consiliului European, proiectul de concluzii şi proiectul de decizii ale Consiliului European elaborate de preşedintele Consiliului European.

Cu cinci zile inainte de reuniunea Consiliului European, Consiliul Afaceri Generale se mai întâlneşte o dată iar preşedintele Consiliului European stabileşte ordinea de zi provizorie. Din momentul acesta, fără acordul tuturor delegaţiilor nu se mai poate adăuga niciun punct pe ordinea de zi. Mai mult decât atât, în intervalul acesta de cinci zile dintre reuniunea pregătitoare finală a Consiliului Afaceri Generale şi reuniunea Consiliului European nicio formaţiune sau grup nu se mai poate întâlni pentru a dezbate o temă transmisă Consiliului European.

Consiliul Afaceri Externe elaborează acţiunea externă a Uniunii în conformitate cu orientările strategice stabilite de Consiliul European şi asigură coerenţa acţiunii respective. El răspunde de politica externă şi securitate comună, politica de securitate şi de apărare comună precum şi de cea comercială comună. Răspunde şi de cooperarea pentru dezvoltare şi ajutor umanitar.

Înaltul Reprezentant al Uniunii pentru afaceri externe şi politica de Securitate este preşedintele acestui Consiliu şi poate fi înlocuit de ministrul din cadrul Consiliului Afaceri Externe care reprezintă statul membru ce deţine la momentul respectiv preşedinţia semestrială a Consiliului.

Potrivit Tratatului pentru Uniunea Europeană, '*Consiliul este compus din câte un reprezentant la nivel ministerial al fiecărui stat membru, împuternicit să angajeze guvernul statului membru pe care îl reprezintă şi să exercite dreptul de vot*'.

Deci fiecare stat membru trebuie să fie reprezentat de un ministru sau secretar de stat, statele federale sau regionale fiind reprezentate şi de membri ai guvernelor regionale atât timp cât acestia pot angaja guvernul pe care îl reprezintă. Fiecare membru al Consiliului îşi poate stabili componenţa delegaţiei care îl însoţeşte.

Comitetul Reprezentanţilor Permanenţi (COREPER) este format din reprezentanţii permanenţi ai statelor membre, care exprimă poziţia guvernului său. COREPER1 este format din reprezentanţii permanenţi adjuncţi, iar COREPER2 este format din reprezentanţii permanenţi titulari. COREPER poate înfiinţa comitete sau grupuri de lucru formate din delegaţi ai fiecărui stat membru , cu caracter mai mult sau mai puţin permanent, şi defineşte mandatul acestor grupuri. La ora actuală sunt peste 150 de astfel de grupuri sau comitete.

Modul în care lucrează COREPER l-am arătat în detaliu în Capitolul 'Cum se fac legile europene'.

E important să reţinem că principalul rol al COREPER este să coordoneze şi să pregătească lucrările diferitelor structuri ale Consiliului şi să încerce să ajungă la un acord care, ulterior, va fi trimis spre Consiliu pentru adoptare.

Toate punctele înscrise pe ordinea de zi a Consiliului trebuie să fie analizate şi agreate în prealabil în COREPER, deşi orice acord al celui din urma poate oricând să fie rediscutat de Consiliu, singurul care are competenţa de a decide, aşadar COREPER nu poate înlocui Consiliul!

Buna funcţionare a Consiliului este asigurată de un număr de comitete instituite prin tratate sau acte ale Consiliului:

1. *Comitetul economic şi financiar*, – monitorizează situaţia economică şi financiară a statelor membre şi transmite periodic un raport de monitorizare către consiliu şi către Comisie. Pregăteşte lucrările Consiliului în privinţa măsurilor de salvgardare legate de circulaţia capitalurilor sau referitoare la coordonarea politicilor statelor membre.

2. *Comitetul pentru politică economică*, – pregăteşte lucrările Consiliului furnizând analize economice, avize metodo-

logice, proiecte de recomandări privind politicile structurale în special în domeniul ocupării forței de muncă.

3. *Comitetul special pentru agricultură*, – proiectele sale sunt incluse direct pe ordinea de zi a Consiliului Agricultură și Pescuit, fiind singura excepție de la monopolul COREPER-ului în privința pregătirii lucrărilor Consiliului.

4. *Comitetul pentru politică comercială*, – asistă Comisia când este vorba de acorduri comerciale internaționale.

5. *Comitetul pentru ocuparea forței de muncă*, – răspunde de monitorizarea situației ocupării forței de muncă pe teritoriul statelor membre și în Uniune.

6. *Comitetul pentru protecție socială*, – urmărește situația socială și evoluția politicilor sociale din statele membre și Uniune.

7. *Comitetul politic și de securitate*, – monitorizează situația internațională în domeniile de politică externă și securitate comună și emite avize în cadrul Consiliului, și, sub responsabilitatea Consiliului și a Înaltului Reprezentant, asigură controlul politic și conducerea strategică a acțiunilor de gestionare a crizelor.

8. *Comitetul militar al Uniunii Europene*, – este format din șefii de stat-major ai statelor membre, consiliază și face recomandări cu privire la problemele militare din Uniune.

9. Comitetul pentru aspectele civile ale gestionării crizelor, – formulează recomandări în aceste aspect.

10. *Comitetul de securitate*, – compus din reprezentanți ai autorităților de Securitate națională ale statelor membre, analizează și evaluează toate chestiunile de Securitate legate de lucrările Consiliului.

11. *Comitetul pentru servicii financiare*, – contribuie la definirea strategiei pe termen mediu și lung pentru probleme legate de serviciile financiare, oferă consiliere politică și urmă-

reşte evoluţia unor probleme interne cum ar fi piaţa unică şi aplicarea planului de acţiune privind serviciile financiare.

Preşedinţia grupurilor de pregătire a Consiliului

Cu excepţia formaţiunii Afaceri Externe, preşedinţia Consiliului este asigurată, începând din 1 decembrie 2009, de grupuri prestabilite de trei state membre ('trio de preşedinţi') pentru o perioadă de 18 luni. Grupurile se bazează pe un sistem egal de rotaţie a statelor membre, avându-se în vedere diversitatea ţărilor şi echilibrul geografic al Uniunii.

Fiecare membru al unui grup asigură timp de şase luni, prin rotaţie, preşedinţia tuturor formaţiunilor Consiliului.

Componenţa trioului de preşedinţi şi ordinea în care preşedinţia este deţinută de statele membre sunt stabilite prin decizie a Consiliului. Această soluţie se consideră că garantează consistenţa şi coerenţa unui program pe 18 luni, precum şi ajutorul reciproc pe care şi-l pot acorda preşedinţiile respective.

Preşedinţia semestrială trebuie să fie asistată de ceilalţi membri ai grupului prestabilit de trei state membre sau, după caz, de reprezentantul statului membru care urmează să preia următoarea preşedinţie.

Un program de 18 luni este pregătit de grupul prestabilit al celor trei preşedinţii care urmează să îşi desfăşoare activitatea în perioada respectivă. Cele trei preşedinţii elaborează, împreună cu Consiliul Afaceri Externe, un proiect de program, sub forma unui document unic, proiect care se va dezbate public.

Pe baza acestui program se întocmesc proiectele de ordine de zi pentru reuniunile programate ale Consiliului.

Preşedinţiile Consiliului

Anul	Ianuarie-iunie	Iulie-decembrie

2015	Letonia	Luxemburg
2016	Ţările de Jos	Slovacia
2017	Malta	Regatul Unit
2018	Estonia	Bulgaria
2019	Austria	România
2020	Finlanda	

Va fi interesant să vedem ce se va întâmpla în 2017 în iulie-decembrie. 'Brexit means Brexit' – a zis în repetate rânduri Theresa May, – prim-ministrul Regatului Unit. Dacă articolul 50 al Tratatului de la Lisabona se va activa în martie 2017, aşa cum se vehiculează la momentul scrierii acestei cărţi, Regatul Unit (UK) va deţine preşedinţia Consiliului? Dacă da, cu ce competenţe? – integrale sau parţiale? Dacă nu, în baza cărei stipulări?

Preşedinţia, după consultările corespunzătoare, face cunoscute datele propuse pentru reuniunile Consiliului pentru fiecare formaţiune a Consiliului cu cel puţin şapte luni înainte de începerea semestrului respectiv. În cazuri speciale, referitoare la afaceri externe, în care trebuie luate decizii rapide, Preşedinţia poate convoca reuniuni extraordinare ale Consiliului. Aceste reuniuni extraordinare se pot convoca şi în termen de 48 de ore sau chiar într-un termen mai scurt dacă situaţia o impune.

Desfăşurarea reuniunilor Consiliului are loc la Luxemburg în aprilie, iunie şi octombrie dar se poate întâmpla, în mod excepţional, ca reuniunea să fie şi în alt loc, mai ales dacă este vorba de negocieri internaţionale la care participă Uniunea. În cazul acesta, decizia tebuie să fie adoptată în unanimitate de Consiliu sau COREPER.

Ordinea de zi definitivă este adoptată de către Consiliu la începutul fiecărei reuniuni, Consiliul adoptând cu majoritate simplă toate acele puncte care au fost înscrise în termenele prevăzute. Includerea pe ordinea de zi a unui alt punct decât cel care a fost introdus pe ordinea de zi provizorie se poate face doar cu unanimitate de voturi.

Atunci când deliberează și votează un proiect de act legislativ, Consiliul se întrunește în ședințe publice, reuniunile fără caracter public fiind numai cele în care Consiliul nu deliberează și nu votează proiecte de acte legislative.

Votul cu majoritate calificată este regula implicită în special în cazul procedurii legislative ordinare.

Potrivit documentului '*Observații cu privire la regulamentul de procedură al Consiliului' elaborate de Consilium în martie 2016*':

'De la 1 noiembrie 2014, se aplică noul sistem al „dublei majorități". În conformitate cu acest sistem, se întrunește o majoritate calificată în Consiliu dacă sunt îndeplinite următoarele condiții:

(i) în cazul în care Consiliul hotărăște pe baza propunerii Comisiei sau a Înaltului Reprezentant, trebuie ca cel puțin 55 % din membrii Consiliului (adică 16 dintre cei 28 de membri actuali), reprezentând state membre care întrunesc cel puțin 65 % din populația Uniunii, să voteze favorabil. În plus, minoritatea de blocare trebuie să cuprindă cel puțin patru membri ai Consiliului; în caz contrar se consideră a fi întrunită majoritatea calificată. În practică, aceasta înseamnă că, dacă 25 dintre cele 28 de state membre actuale votează pentru, majoritatea calificată este considerată a fi fost atinsă, procentul de populație pe care acestea îl întrunesc devenind lipsit de relevanță pentru definiția majorității calificate;

(ii) în cazul în care Consiliul nu hotărăște pe baza unei propuneri a Comisiei sau a Înaltului Reprezentant, trebuie ca cel puțin 72 % din membrii Consiliului (adică 21 dintre cei 28 de membri actuali), reprezentând state membre care întrunesc cel puțin 65 % din populația Uniunii, să voteze favorabil.

În cazurile în care nu toți membrii Consiliului participă la vot în conformitate cu tratatele, majoritatea calificată este atinsă în cazul în care sunt îndeplinite următoarele condiții:

(i) în cazul în care Consiliul hotărăște la propunerea Comisiei sau a Înaltului Reprezentant, trebuie ca cel puțin 55 % din membrii Consiliului reprezentând statele membre participante, care întrunesc cel puțin 65 % din populația acestor state, să voteze favorabil. În plus, minoritatea de blocare trebuie să includă cel puțin numărul minim de membri ai Consiliului care reprezintă mai mult de 35 % din populația statelor membre participante, plus un membru; în caz contrar majoritatea calificată se consideră a fi întrunită;

(ii) în cazul în care Consiliul nu hotărăște pe baza unei propuneri a Comisiei sau a Înaltului Reprezentant, trebuie ca cel puțin 72 % dintre membrii Consiliului reprezentând statele membre participante, care întrunesc cel puțin 65 % din populația acestor state, să voteze favorabil.

Consiliul aprobă cifrele corespunzătoare populației totale a fiecărui stat membru în fiecare an pe baza datelor anuale transmise de către statele membre Oficiului pentru Statistică al Uniunii Europene.

O decizie poate fi blocată dacă cel puțin patru state membre reprezentând 35% din polulația Uniunii hotărăsc acest lucru. Dacă se întâmplă așa ceva, Consiliul trebuie să întreprindă în timp util toate diligențele necesare pentru a se ajunge la un rezultat rezonabil pentru toți.

De la 1 noiembrie 2014 până la 31 martie 2017, un membru al Consiliului poate solicita ca adoptarea unui act să fie efectuată în conformitate cu regulile de „vot ponderat".

Regulile respective – astfel cum au fost modificate prin Actul de aderare a Croației – prevăd că, pentru adoptarea unui act cu majoritate calificată, trebuie să existe cel puțin 260 de voturi pentru (din 352), reprezentând cel puțin o majoritate a membrilor (15 membri din 28) în cazul actelor care urmează să fie adoptate pe baza unei propuneri din partea Comisiei sau reprezentând cel puțin două treimi din membri (19 membri din 28) în cazul în care actul nu necesită o propunere din partea Comisiei.

Voturile fiecărui stat membru în cadrul Consiliului:

Germania, Franța, Italia, Regatul Unit 29

Spania, Polonia 27

România 14

Olanda 13

Belgia, Cehia, Grecia, Ungaria, Portugalia 12

Bulgaria, Austria, Suedia 10

Danemarca, Irlanda, Croația, Lituania, Slovacia, Finlanda 7

Estonia, Cipru, Letonia, Luxemburg, Slovenia 4

Malta 3

Se poate întâmpla ca unele state membre să dorească o mai strânsă colaborare în unele domenii care nu privesc în mod exclusiv Uniunea, însă nu reușesc să negocieze un acord în acest sens cu celelalte state membre. În această situație se aplică '**mecanismul cooperării consolidate**', adică cel puțin nouă state pot utiliza instituțiile Uniunii pentru o colaborare mai strânsă, atât timp cât această colaborare urmărește interesele Uniunii și este deschisă tuturor celorlalte state membre dacă acestea doresc să se alăture proiectului. Această procedură a fost folosită pentru legislația în materie de divorț, de exemplu.

Votul în unanimitate

Prin acestă procedură, toată lumea este de acord sau se abține.

Consiliul trebuie să voteze în unanimitate într-o serie de probleme sensibile, cum ar fi: aderarea la UE, finanțele UE, cetățenie, politică externă și de securitate comună (cu excepția anumitor cazuri în care este nevoie de majoritate calificată, i.e. numirea unui reprezentant special).

Votul în unanimitate îi permite Consiliului să se îndepărteze de la propunerea Comisiei atunci când Comisia nu este de acord cu modificările aduse la propunerea sa. Această regulă nu se aplică actelor care trebuie să fie adoptate de Consiliu la recomandarea Comisiei, cum ar fi actele din domeniul coordonării economice.

Un exemplu de efect al votului în unanimitate este nesemnarea Acordului de Liber Schimb al Uniunii cu Canada, în octombrie 2016, din cauza opoziției regiunii Valonia.

Așa cum spuneam, pregătirea reuniunilor se face extrem de detaliat printr-o muncă titanică la nivelul COREPER1 și COREPER2. Acolo sunt de fapt adevăratele negocieri, acolo se identifică problemele în cel mai mic detaliu și se găsesc soluțiile tehnice. Este esențial să existe o continuitate a prezenței experților trimiși de statele membre pentru a lucra în aceste grupuri, orice fluctuație sau schimbare de componență ducând la perturbări ale activității comitetelor. Poate că și din acest motiv, statele membre care și-au consolidat echipe stabile au obținut de obicei și cele mai bune rezultate în negocieri.

Secretariatul General al Consiliului

Secretariatul General al Consiliului este format din totalitatea personalului responsabil cu furnizarea de asistenţă Consiliului European şi Consiliului Uniunii Europene. Secretariatul General organizează lucrările Consiliului şi asigură coerenţa acestora şi pune în aplicare programul de 18 luni.

Posturile rămase vacante în cadrul Secretariatului General sunt ocupate în general prin recrutarea de funcţionari permanenţi din alte instituţii europene sau din rândurile candidaţilor de pe listele de rezervă de la concursurile generale.

Concursurile de angajare sunt organizate de Oficiul European pentru Selecţia Personalului (EPSO), dar calea oficială de la înscrierea candidaturii până la aprobare şi oferta de job este o cale lungă şi anevoioasă, nu imposibil de parcurs dar cu şanse minime. În general, angajarea pe un post permanent se face pe baza unor recomandări din interior, şi abia apoi fericitul candidat parcurge lanţul birocratic oficial.

Secretariatul General are aproape 3000 de angajaţi din toate statele membre, împărţiţi în patru categorii distincte: funcţionari, administratori (AD) şi asistenţi (AST), agenţi temporari, agenţi contractuali şi experţi naţionali detaşaţi.

În 2015, Secretariatul General avea **3 048 de angajaţi** (1 761 de femei şi 1 287 de bărbaţi):

- au fost recrutaţi 114 de noi angajaţi, din 22 de state membre ale UE
- 27 de colegi din alte instituţii ale UE s-au alăturat SGC
- 21 de angajaţi s-au transferat la alte instituţii ale UE, după ce au lucrat în medie 6,5 ani în cadrul SGC

- 86 de membri ai personalului SGC au ieşit la pensie după o perioadă medie de activitate de 26 de ani
(*www.consilium.europa.eu*)

Secretarul general are responsabilitatea integrală pentru chel-tuielile din bugetul comun şi ia toate măsurile necesare pentru a se asigura că acestea sunt administrate corespunzător.

În 2016, bugetul comun al Consiliului şi al Consiliului European a reprezentat 7,7% din cheltuielile administrative totale ale tuturor instituţiilor UE.

Bugetul comun pentru 2016 a fost de **545,1 milioane EUR**, din care 59% s-au alocat **cheltuielilor cu personalul**, 19,6% din buget au fost alocate costurilor directe legate de **reuniunile oficiale** organizate de Consiliu în fiecare an (de exemplu, interpretarea şi costurile de deplasare pentru delegaţii), 10,2% pentru cheltuielile aferente **clădirilor şi infrastructurii** şi 8,5% pentru **sistemele informatice**, echipamente şi mobilier.

Câteva comentarii critice

După cum subliniam, una din responsabilităţile de bază ale Consiliului constă în dezvoltarea politicii comune externe şi de securitate a Uniunii Europene.

În aceste conditii, cum să interpretăm nenumăratele bâlbâieli de la nivelul Uniunii Europene în legatură cu evenimente majore de pe scena internaţională?

Nici nu se uscase bine cerneală de pe Tratatul de la Maastricht când Uniunea a cunoscut un mare eşec odată cu izbucnirea războiului din Balcani. Germania insistă încă din 1991 să fie recunoscută Croaţia ca stat independent, şi recunoaşterea şi a celorlalte state ex-iugoslave, dar Uniunea nu a fost în stare să ajungă la un acord în legătură cu ceea ce se petrecea sub nasul ei, dacă să intervină sau nu. A fost nevoie de Acordul de la Dayton, – opera americanilor, pentru a se pune capăt războiului din Bosnia în 1995.

Statele importante din Uniune, în particular Germania, Franţa şi Regatul Unit, nu au încetat nicio clipă să îşi joace de fiecare dată rolul de mare putere globală, UK blocând constituirea unor cartiere generale militare ale Uniunii şi Franţa jucându-şi rolul de putere globală în special în Africa.

Dacă în privinţa problemelor minore de politică externă s-a putut ajunge la acord, în privinţa problemelor majore a fost permanent o bâlbâială generată de interesele politice şi economice ale momentului, Uniunea Europeană apărând mai mult împărţită decât unită.

Ca un exemplu, în 2003, în dosarul Iraqului, ne-am trezit în situaţia în care războiul era acceptat şi susţinut de Regatul Unit, Italia, Spania şi alte câteva state est-europene, pe când Germania şi Franţa s-au aliat cu Rusia opunându-se războiului.

Acelaşi lucru s-a întâmplat în 2011, când războiul din Libia a fost condamnat viguros de Regatul Unit şi de Franţa, dar a fost susţinut de Germania. Primăvara Arabă a coincis cu unul din cele mai grave momente ale eurocrizei, complicând şi mai mult problemele deja complicate.

Toată lumea s-a bucurat în 2004 când candidatura îndelungată a Turciei a fost acceptată şi când, un an mai târziu, au început negocierile oficiale. Erdogan şi-a impulsionat ţara către reforme economice, politice şi sociale majore, aşa încât să se poată alinia cât mai bine la normele şi principiile Uniunii Europene. Acum, la mai bine de 12 ani după acceptarea candidaturii, vedem că aproape jumătate din capitolele de negociere sunt îngheţate ba din cauza

Franţei, ba din cauza Ciprului, ba chiar din cauza Uniunii în ansamblu.

Turcia nu a dus la îndeplinire protocolul de la Ankara, care stipula accesul navelor cipriote în porturile şi aeroporturile sale. Mai multe state membre au arătat, într-un fel sau altul, că nu au stomacul pregătit să digere apariţia Turciei în Uniune ca stat membru. Desigur că şi turcii au reacţionat pe măsură, entuziasmul lor pentru aderare scăzând considerabil şi chiar, mai recent, punând problema că poate nici nu mai este cazul să facă un astfel de pas.

Un caz similar s-a întâmplat în 2013 cu Georgia, Armenia, Azerbaidjan, Belarus, Moldova şi Ucraina, când, ar fi trebuit să semneze la Vilnius acordul de asociere. Presiunile Rusiei au dus la o turnură neaşteptată, Uniunea preferând să nu se lege prea tare la cap şi acceptând să semneze acordurile de asociere numai cu Moldova şi Georgia. Nu este nevoie să redăm comentariul făcut la adresa Uniunii de Victoria Nuland, secretarul de stat adjunct pentru afaceri externe al SUA, către ambasadorul ei în Kiev, – înregistrare 'scursă' către presă şi care, dacă s-ar transcrie, ar conţine cuvântul american cu patru litere.

În primavara lui 2014, Rusia anexează în cel mai 'democratic' mod Crimeea, această declarându-şi la mijlocul lunii martie independenţa faţă de Ucraina şi solicitând aderarea la Federaţia Rusă. Discursul rostit de Vladimir Putin în faţa camerelor reunite ale Adunării Federale a Federaţiei Ruse a fost un exemplu de retorică, meritând să fie studiat în amănunţime.

De la bun început, Putin a ţinut să menţioneze în discursul său că referendumul din Crimeea a fost ţinut respectându-se în totalitate regulile şi procedurile democratice ca şi legislaţia internaţională şi că cifrele obţinute au fost convingătoare. Apoi a subliniat momente din istoria de veacuri a Crimeii, arătând că populaţia acestei peninsule a aparținut întotdeauna, cu trup și suflet, Rusiei. Mai mult, anexarea Crimeii și a Sevastopolului în 1954, ca parte a Ucrainei, a violat normele constituționale, populația Crimeii și Sevastopolului nefiind întrebată. Cu alte cuvinte, acum se reface dreptatea.

Discursul integral poate fi vazut la https://www.youtube.com/watch?v=KdffCp-MdgA

COMISIA EUROPEANĂ

Comisia Europeană este organul executiv al Uniunii, care elaborează propuneri legislative, asigură respectarea acordurilor şi promovează interesul comun. Este o instituţie independentă politic al carei scop major este să apere, să reprezinte şi să promoveze interesele Uniunii în ansamblul acesteia.

Există nenumărate critici la adresa Comisiei, mai ales din partea euroscepticilor, reproşându-se că acest 'Guvern' european, – organism desemnat şi nu ales, are prea multă putere reprezentând de fapt motorul întregii Uniuni, elaborând propuneri de legi, conturând politici şi programe de acţiune şi punând în aplicare deciziile Consiliului şi Parlamentului European.

Comisia răspunde politic în faţa Parlamentului European şi participă la toate sesiunile Parlamentului trebuind să îşi explice şi să îşi motiveze politicile şi programele. În afara participării la sesiuni, Comisia trebuie să răspundă şi întrebărilor europarlamentarilor ori de câte ori aceştia solicită aşa ceva.

Parlamentul poate duce la demisia Comisiei prin adoptarea unei moţiuni de cenzură.

Comisia Europeană înseamnă pe de o parte cei 28 de membri cunoscuţi indeobşte sub numele de 'comisari' dar şi instituţia cu personalul aferent.

Cei 28 de comisari (câte unul din partea fiecărui stat membru) sunt persoane cu experiență politică și/sau guvernamentală, care, în momentul preluării mandatului de membru al Comisiei Europene și-au luat angajamentul să reprezinte interesele Uniunii în ansamblul ei. Ca fapt divers, un comisar nu se va referi niciodată într-o conversație publică la țara sa de proveniență dând numele acesteia ci va spune 'țara pe care o cunosc cel mai bine'.

Cel puțin declarativ, un comisar european nu se va supune niciodată eventualelor presiuni sau recomandări date de guvernele naționale.

Din cinci în cinci ani este numită o nouă Comisie, în cel mult șase luni de la alegerile pentru Parlamentul European, procedeul de formare fiind foarte asemănător procedeului de constituire a unui Guvern.

Astfel, guvernele statelor membre, prin Consiliul European care ia decizia prin majoritate calificată, propun un nou președinte al Comisiei, propunere care trebuie supusă aprobării Parlamentului European.

Candidatul la funcția de președinte trebuie să fie aprobat de majoritatea europarlamentarilor, adică în situația de acum să întrunească un număr de cel puțin 376 de voturi din 751 posibile.

Președintele ales se consultă cu guvernele statelor membre și își alege membrii 'cabinetului', adică pe ceilalți comisari, lista finală trebuind să fie agreată atât de noul președinte cât și de Consiliu.

Comisarii desemnați sunt evaluați de comisiile parlamentare și, la încheierea acestei etape, Parlamentul European nou ales îi audiază pe toți membrii propuși pentru formarea noii comisii și își dau avizul pentru întregul colegiu al comisarilor. Dacă se aprobă întreaga componență, noua Comisie își poate începe activitatea într-o perioadă bine determinată. Comisia Juncker, desemnată în 2014 își va încheia mandatul în anul 2019.

La ora actuală Comisia Europeană are un preşedinte, şapte
vicepreşedinţi şi 20 de comisari, responsabilităţile şi portofoliile
acestora fiind negociate extrem de dur.

Sediul principal al Comisiei se află la Bruxelles, dar unele servicii
se află la Luxemburg.

Ca un adevărat guvern, Comisia are reprezentanţe în toate cele 28
de state membre ale Uniunii şi 139 de delegaţii în celelalte ţări, şefii
reprezentanţelor, respectiv a delegaţiilor, având statut diplomatic şi
fiind consideraţi ambasadori ai Uniunii Europene.

La o privire mai atentă însă, vedem că acest organism politic nu
numai că iniţiază legi şi mijloceşte compromisuri între statele
membre, dar şi monitorizează funcţionarea statului de drept, eva-
luează tehnic performanţele economice ale ţărilor membre, şi acţio-
nează şi ca un fel de poliţie economică care impune reguli pieţelor.

Cum lucrează comisarii

Comisarii europeni au şedinţe săptămânale de colegiu, de obicei
miercurea. Şedinţele săptămânale se fac la Bruxelles şi ordinea de zi
este stabilită de preşedinte. În cazul sesiunilor europarlamentare
plenare de la Strasbourg, colegiul comisarilor se deplasează tot la
Strasbourg. Evident că întâlnirile comisarilor decurg frumos şi calm,
întrucât întreaga muncă dificilă şi uneori nu prea placută se face în
spatele uşilor închise, de către angajaţii cabinetelor.

Publicul nu are acces la dezbaterile colegiului comisarilor dar
poate consulta oricând ordinea de zi şi procesele verbale ale
sedinţelor. Este adevărat că în imensitatea de informaţii publicate de
instituţiile Uniunii ţi-ar trebui o macetă ca să te descurci, dar, în

situaţia în care te interesează o anumită problema îi dai de cap până la urmă.

Există şi cazurile speciale ale reuniunilor de urgenţă, dar numai dacă sunt probleme majore care necesită dezbaterea membrilor Consiliului de Miniştri sau intervenţii imediate.

Direcţiile generale ale Comisiei elaborează propunerile legislative dar acestea nu devin oficiale decât în momentul în care au trecut de colegiul comisarilor. Tot direcţiile generale (DG) gestionează iniţiativele de finanţare, organizează consultări publice ori de câte ori este necesar şi coordonează activităţi de comunicare.

Ca o regulă generală, purtătorii de cuvânt şi Reprezentanţii Comisiei în statele membre sunt responsabili de contactele cu presa. Totodată fiecare comisar îşi desemnează un membru al cabinetului său să fie responsabil cu comunicarea.

Comisia pune la dispoziţia publicului mai multe documente şi statistici, cum ar fi cărţile verzi (adică documentele care stau la baza dezbaterilor sau consultărilor), cărţile albe (adică propunerile de acţiune concretă înaintate de Comisie), statisticile Eurostat şi sondajele Eurobarometru – sondaje de opinie pe teme europene.

Descrierea în detaliu a modului în care funcţionează Comisia Europeană actuală o găsiţi la http://ec.europa.eu/transparency/regdoc/rep/3/2014/EN/3-2014-9004-EN-F1-1.Pdf.

Iniţial am putea să considerăm Direcţiile Generale ca fiind echivalentul ministerelor dintr-un stat membru. Şi lucrul acesta ar fi corect dacă pe tot cuprinsul Uniunii ar fi aceeaşi cultură, s-ar vorbi aceeaşi limbă, ar fi aceeaşi mentalitate.

Din păcate situaţia nu este chiar atât de roz. Structurile europene reprezintă un amalgam de culturi, obiceiuri, mentalităţi diferite, frumoase prin varietate dar cam neproductive când este vorba să se urmărească un scop comun pentru bunăstarea celor 510 milioane de cetăţeni ai Uniunii.

Activitatea zilnică a Comisiei Europene este susţinută de un număr impresionant de funcţionari administrativi, agenţi contractuali, experţi, translatori şi personal angajat în nenumăratele secretariate.

Din cei peste 30000 de angajaţi oficiali şi temporari ai Comisiei Europene, peste 13600 lucrează în structurile superioare (şi foarte bine remunerate), cele mai multe poziţii fiind ocupate de cetăţeni ai Germaniei, Italiei, Frantei, şi, evident, Belgiei. Datele statistice exacte le gasiti la:

http://ec.europa.eu/civilservice/docs/europasp2bsnatxgrade_en. pdf

Per total însă, Belgia deţine supremaţia cu peste 5300 de angajaţi oficiali şi temporari în structurile Comisiei.

Teoretic, personalul Comisiei se angajează extrem de transparent, prin intermediul Oficiului European pentru Selecţia Personalului (EPSO). În realitate însă, în acest infern al hârtiilor şi procedurilor funcţionează mult mai rapid şi mai eficient sistemul recomandărilor, – cu alte cuvinte am omul pe care vreau să îl angajez şi am grijă ca acesta să urmeze tot traseul birocratic. Acest lucru este descris în amănunt de Derk-Jan Eppink în cartea să 'Life of a European Mandarin', - cum s-ar zice: dacă vrei să lucrezi la Comisie este important să fii pe lista albastră!

Cei care socializează uşor şi sunt interesaţi să afle detalii (mai ales picante) despre viaţa din interiorul Comisiei sau Parlamentului European este bine ca la Bruxelles să devină obişnuiţi ai micilor bistrouri din PLUX (Place de Luxemburg) mai ales la ora prânzului sau seara, – s-ar putea să le placă.

Repartiţia portofoliilor

Pentru curioşi, este suficient să punem unele lângă altele compo-
nenţa comisiilor Barroso 1, Barroso 2 şi Juncker ca să ne dăm seama
cam cine face jocurile în Berlaymont.

Comisia Barroso 1 (2004 – 2009)

Jose Manuel Durrao Barroso (Portugalia) – Preşedinte

Margot Wallstrom (Suedia) – Prim Vice-preşedinte; Relaţii
    Internaţionale şi Strategii de comunicare

Gunter Verheugen (Germania) – Vice-preşedinte Întreprinderi şi
    Industrie

Franco Frattini (Italia) – Vice-preşedinte Justiţie, Libertate şi
    Securitate (2004-2008)

Antonio Taiani (Italia) – Vice-preşedinte Transport (doar 2008-
    2009)

Jacques Barrot (Franta) – Vice-preşedinte Justiţie, Libertate şi
    Securitate (2008-2009)

Siim Kallas (Estonia) – Vice-preşedinte Afaceri administrative,
    Audit şi Antifraudă

Joaquin Almunia (Spania) – comisar pentru Afaceri Economice şi
    Financiare

Charlie McCreevy (Irlanda) – comisar pentru Piaţa internă şi servicii

Mariann Fischer Boel (Danemarca) – comisar pentru Agricultură şi
    Dezvoltare rurală

Neelie Kroes (Olanda) – comisar Competiţie

Peter Mandelson (Regatul Unit) – comisar pentru Comerţ (2004-
    2008)

Catherine Ashton (Regatul Unit) – comisar pentru Comerţ (2008-
    2009)

Joe Borg (Malta) – comisar pentru Pescuit şi Afaceri maritime

Stavros Dimas (Grecia) – comisar pentru Mediu

Markos Kyprianou (Cipru) – comisar pentru Sanatate (2004-2008, dar până în 2007 portofoliul includea şi Protecţia consumatorului)

Androulla Vassiliou (Cipru) – comisar pentru Sănătate (2008-2009)

Louis Michel (Belgia) – comisar pentru Dezvoltare şi Ajutor umanitar (2004 – 17 iulie 2009)

Karel De Gucht (Belgia) – comisar pentru Dezvoltare şi Ajutor umanitar (semestrul 2 2009)

Ollie Rehn (Finlanda) – comisar pentru Extindere

Vladimir Spidla (Cehia) – comisar pentru Muncă, Afaceri sociale şi Egalitate de sanse

Laszlo Kovacs (Ungaria) – comisar pentru Taxe şi Uniunea vamală

Dalia Grybauskaite (Lituania) – comisar pentru Programare financiară şi Buget (2004 – 1 iulie 2009)

Algira Semeta (Lituania) – comisar pentru Programare financiară şi Buget (semestrul 2 2009)

Benita Ferrero-Waldner (Austria) – comisar pentru Relaţii externe şi Politica europeană de vecinatate

Jan Figel (Slovacia) – comisar pentru Educaţie, Training şi Cultură (a cedat portofoliul de Multilingvism în 2007)

Danuta Hubner (Polonia) – comisar pentru Politici regionale

Andris Piebalgs (Letonia) – comisar pentru Energie

Janez Potocnik (Slovenia) – comisar pentru Ştiinţă şi cercetare

Viviane Reding (Luxemburg) – comisar pentru Societatea Informaţiei şi Media

Meglena Kuneva (Bulgaria) – comisar pentru Protecţia consumatorului (2007-2009)

Leonard Orban (România) – comisar pentru Multilingvism

Comisia Barroso 2 (2010 – 2014)

A doua comisie Barroso a fost aleasă de Parlamentul European pe 9 februarie 2010. Noul colegiu al comisarilor include pentru prima dată şi poziţia de Înalt Reprezentant, poziţie derivată din Tratatul de la Lisabona. Ca urmare, Lady Catherine Ashton, ca Înalt Reprezentant al Comisiei Europene devine din oficiu Prim-Vicepreşedinte. Această comisie a avut parte de un scandal răsunător legat de acţiuni de lobby, care a dus la demisia comisarului Dalli.

Jose Manuel Durrao Barroso (Portugalia) – Preşedinte
Catherine Ashton (Regatul Unit) – Prim Vice-preşedinte, Afaceri Externe şi Politici de Securitate
Viviane Reding (Luxemburg) – Vice-preşedinte Justiţie, Drepturi fundamentale şi Cetăţenie (2010 - iulie 2014)
Martine Reicherts (Luxemburg) – comisar pentru Justiţie, Drepturi fundamentale şi Cetăţenie (semestrul 2 2014)
Joaquin Almunia (Spania) – Vice-preşedinte Competiţie
Siim Kallas (Estonia) – Vice-preşedinte Transport
Neelie Kroes (Olanda) – Vice-preşedinte Agenda digitală
Antonio Taiani (Italia) – Vice-preşedinte Industrie şi Antreprenoriat (2010 - iulie 2014)
Ferdinando Nelli Feroci (Italia) – comisar pentru Industrie şi Antreprenoriat (semestrul 2 2014)
Maros Sefcovic (Slovacia) – Vice-preşedinte Relaţii interinsti-tuţionale şi Administraţie
Olli Rehn (Finlanda) – Vice-preşedinte Afaceri Economice şi monetare şi Euro (2010 – iulie 2014)
Jyrki Katainen (Finlanda) – Vice-preşedinte Afaceri Economice şi monetare şi Euro (semestrul 2 2014)
Janez Potocnik (Slovenia) – comisar pentru Mediu
Andris Piebalgs (Letonia) – comisar pentru Dezvoltare

Michel Barnier (Franta) – Vice-preşedinte Piaţa internă şi Servicii

Androulla Vassiliou (Cipru) – comisar pentru Educaţie, Cultură, Multilingvism şi Tineret

Algirdas Semeta (Lituania) - comisar pentru Taxare şi Uniunea vamală, Audit şi Antifraudă

Karel De Gucht (Belgia) – comisar pentru Comerţ

John Dalli (Malta) – comisar pentru Sănătate şi Politici ale consumatorului (a fost obligat să demisioneze în 16 oct 2016)

Tonio Borg (Malta) – comisar pentru Sănătate

Maire Geoghegan Quinn (Irlanda) – comisar pentru Cercetare, Inovare şi Ştiinţă)

Janusz Lewandowski (Polonia) – comisar pentru Programare financiară şi Buget (demisionează în iulie 2014)

Jacek Dominik (Polonia) – comisar pentru Programare financiară şi Buget (semestrul 2 2014)

Maria Damanaki (Grecia) – comisar pentru Afaceri maritime şi Pescuit

Kristalina Georgieva (Bulgaria) – comisar pentru Cooperare internaţional, Ajutor umanitar şi Răspuns în situaţii de criză

Gunther Oettinger (Germania) – Vice-preşedinte Energie (din 1 iulie 2014)

Johannes Hahn (Austria) – comisar pentru Politici regionale

Connie Hedegaard (Danemarca) – comisar pentru Acţiune climatică

Stefan Fule (Cehia) – comisar pentru Extindere şi Politici de vecinatate europeană

Laszlo Andor (Ungaria) – comisar pentru Muncă, faceri sociale şi Incluziune

Cecilia Malmstrom (Suedia) – comisar pentru Afaceri interne

Dacian Ciolos (România) – comisar pentru Agricultură şi Dezvoltare rurală

Neven Mimica (Croaţia) – comisar pentru Protecţia consumatorului

Comisia Juncker (2014 – 2019)

Comisia prezidată de Jean-Claude Juncker a preluat mandatul la 1 noiembrie 2014 şi şi-l va încheia în 2019. Juncker a formulat cele zece puncta prioritare de pe agenda mandatului său, cu concentrare deosebită pe creştere economică şi creare de locuri de muncă.

Compoziţia comisiei Juncker este următoarea:

Jean-Claude Juncker (Luxemburg) – Preşedinte

Frans Timmermans (Olanda) – Prim- Vicepreşedinte: Îmbunătăţirea reglementarilor, Relaţii interinstituţionale, Statul de drept şi Carta drepturilor fundamentale

Federica Mogherini (Italia) – Vice-preşedinte Afaceri externe şi Politici de Securitate

Kristalina Georgieva (Bulgaria) – Vice-preşedinte Buget şi Resurse umane

Maros Sefcovic (Slovacia) – Vice-preşedinte Uniune energetică

Jyrki Katainen (Finlanda) – Vice-preşedinte Locuri de muncă, Creştere economică, Investiţii şi Competitivitate

Valdis Dombrovskis (Letonia) – Vice-preşedinte Euro şi Dialog social, Stabilitate financiară şi Uniunea pieţelor de capital şi a serviciilor financiare

Andrus Ansip (Estonia) – Vice-preşedinte Piaţa unică digitală

Vera Jourova (Cehia) – comisar pentru Justiţie şi Consumatori

Gunther Oettinger (Germania) – comisar pentru Economia digitală şi Societate

Pierre Moscovici (Franţa) – comisar pentru Afaceri economice şi financiare, Taxare şi Vama

Marianne Thyssen (Belgia) – comisar pentru Locuri de muncă, Afaceri sociale, Mobilitatea forţei de muncă

Corina Creţu (România) – comisar pentru Politici regionale

Johannes Hahn (Austria) – comisar pentru Politici de vecinătate
    europeană şi Negocieri privind extinderea
Dimitris Avramopoulos (Grecia) – comisar pentru Migraţie şi
    Cetăţenie
Vytenis Andriukaitis (Lituania) – comisar pentru Sănătate şi
    Siguranţa alimentelor
Julian King (Regatul Unit) – comisar pentru Uniune privind
    securitatea
Elzbieta Bienkowska (Polonnia) – comisar pentru Piaţa internă,
    Industrie, Antreprenoriat şi IMM-uri.
Miguel Arias Canete (Spania) – comisar pentru Acţiune climatică şi
    Energie
Neven Mimica (Croaţia) – comisar pentru Cooperare economică şi
    Dezvoltare
Margrethe Vestager (Danemarca) – comisar pentru Competiţie
Violeta Bulc (Slovenia) – comisar pentru Transport
Cecilia Malmstrom (Suedia) – comisar pentru Comerţ
Karmenu Vella (Malta) – comisar pentru Mediu, Afaceri maritime şi
    Pescuit
Tibor Navracsics (Ungaria) – comisar pentru Educaţie, Cultură,
    Tineret şi Sport
Carlos Moedas (Portugalia) – comisar pentru Cercetare, Stiinţă şi
    Inovaţie
Phil Hogan (Irlanda) – comisar pentru Agricultură şi Dezvoltare
    rurală
Christos Stylianides (Cipru) – comisar pentru Ajutor umanitar şi
    Managementul crizei

Aşa cum spuneam ceva mai devreme, este suficient să ne uitam pe
componenţa comisiilor (să nu uităm că membrii colegiului comisa-
rilor sunt propuşi de guvernele statelor membre) şi pe portofoliile
aferente fiecărui membru şi începem să înţelegem dinamica de forţe.

Evident că trebuie să existe negocieri, şi atât timp cât se fac în interesul întregii Uniuni este totul perfect, dar ce ne facem când există presiuni privind decizii care să favorizeze numai unele state membre?

În general, în urma încheierii consultarilor dintre Directoratele Generale, faza tehnică a preparării unei propuneri legislative este încheiată. Propunerea devine acum un subiect de evaluare politică pentru cabinetele comisarilor. Orice posibilă 'bombă' trebuie să fie indepartată în acest moment, înainte ca propunerea să ajungă la Colegiul Comisarilor. Lucrul acesta este făcut prin ceea ce se numeşte 'procesul de consultare dintre cabinete' într-o şedinţă specială, 'special chef', la care participă câte un membru din fiecare cabinet şi experţi din Directoratul General care deţine dosarul respectiv. Aceste întâlniri sunt departe de a fi considerate lapte şi miere, mai degrabă sunt arene în care nu sunt reţineri prea mari să pui, la figurat vorbind, cuţitul în beregata celuilalt.

În clipa în care propunerea atinge nivelul politic, adică ajunge la cabinet, interesele naţionale încep să intre în scena. Este adevărat ca, în teorie, comisarii lucrează pentru binele Uniunii, dar în realitate de multe ori aceştia se lasă influenţaţi de sugestiile şi presiunile guvernelor lor naţionale. Până la urma este ceva omenesc, atât timp cât guvernul său l-a împins spre acest post atât de important şi consistent din toate punctele de vedere, se poate considera că este datoria morală a comisarului să întoarcă aceastǎ favoare.

Birourile Preşedintelui Comisiei Europene şi ale cabinetului său sunt la etajul 13 al clădirii Berlaymont din Bruxelles. Există lifturi speciale care duc direct la acest nivel, spaţiile sunt mari şi găzduiesc atât sală de şedinţe pentru colegiul comisarilor cât şi sala în care se întâlnesc adevaraţii 'grei', cei care sunt mâna dreaptă a comisarilor.

Există chiar şi un restaurant special pentru ei, *La Convivialite*, pe care se pare că toţi preşedinţii l-au apreciat iar Jean-Claude Juncker îl apreciază în mod deosebit. Nu exagerez dacă afirm că drumul spre Integrarea europeană a trecut deseori pe la acest restaurant, – multe înţelegeri s-au făcut în ambianţa ultraelegantă a locului.

În general, ca o propunere europeană să treacă, este nevoie de acordul cancelariilor din Berlin, Paris şi Londra (încă). Dacă acestea sunt de acord, sunt şanse foarte mari ca propunerea să devină realitate. Dacă nu sunt de acord... ar fi bine să revizuiţi propunerea şi să o luaţi de la început cu negocierile.

Un exemplu al dificultăţii cu care s-a negociat o propunere l-a constituit cea legată de armonizarea condiţiilor de şofat şi de odihnă a şoferilor de tir în toată Uniunea Eurropeană.

Dacă Olanda dorea ca TIR-urile sale să brăzdeze întreaga Europa de la un capăt la altul al continentului, nu acelaşi lucru este dispusă să îl accepte Austria, care impunea restricţii severe mai ales în zona Tirolului.

Zona de restricţii privind transportul rutier este destul de mare, în special în Franţa, Germania şi Austria, unde camioanelor nu li se permite accesul în weekend sau în timpul sărbătorilor publice. Lucrul acesta înseamnă că de fapt infrastructura rutieră din acele zone este ca şi inexistent în perioadele respective. Până la urmă s-a ajuns la compromis, dar nu a fost uşor.

Un alt exemplu care a stârnit mari discuţii a fost cel legat de interzicerea restaurantelor de a oferi clienţilor oliviera sau castronelul cu ulei de masline, pe motive de respectare a regulilor de igienă. După un timp această iniţiativă s-a anulat.

Dar una dintre cele mai recente şi răsunătoare gafe ale Comisiei a fost ce legată de Scandalul Volkswagen, izbucnit la nivel global în septembrie 2015. La acea data, Agenţia de Protecţie a Mediului din SUA împreuna cu câteva organizaţii de advocacy privind clean air/atmosferă curată, au dat publicităţii faptul că producătorul de automobile a violat masiv şi sistematic limitele legale ale emisiilor de gaze prin folosirea unor echipamente şi a unor programe de calculator care au indus în eroare sistemele de testare. S-a descoperit că peste 600000 de autoturisme din SUA şi mai mult de 11 milioane din Europa, inclusiv mărcile de top Audi şi Porsche, ca şi Volkswagen, scoteau pe ţeava de eşapament de nouă ori mai mult gaz toxic decât limita admisă. Comisia Europeană fusese informată încă din 2013 despre acest lucru, dar a refuzat să acţioneze mai mult ca sigur de teamă să nu supere puternicul lobby al producătorilor de automobile, - deşi propriul Centru de Cercetare (Joint Research Centre-JRC) confirmase problema.

Publicaţia Financial Times investighează şi ajunge la concluzia că autorităţile europene ,au pasat pisica' la cel care era responsabil, Comisia Europeană afirmând că nu are puterea de a forţa autorităţile naţionale să supravegheze echipamentele necorespunzătoare. Germania nu se lasă mai prejos şi raspunde, - citând din punctul de vedere al Comisiei, că *,nu exista metodă agreată pentru a se preveni utilizarea de software ilegal'*

Se pare că JRC descoperise neregulile încă din 2011, dar în noiembrie 2012 Comisia a decis să se amâne testul de drum până în 2017, lucru care a dus imediat la o plângere din partea ministrului Mediului din Danemarca, Ida Auken, care a spus că întarzierea este de neacceptat şi este o fugă de raspundere.

Mai mult decât atât, deşi comisarul pentru Mediu, Janez Potocnik, a arătat că distorsionarea rezultatelor testelor de emisii a însemnat înşelarea grosolană a consumatorilor, nu s-a luat nicio măsură, pe motiv că ,ar fi necesară reproiectarea semnificativă a autovehiculelor diesel' şi că ,acum prioritară e criza financiară şi salvarea euro'. Din punctul de vedere al lui Auken, prioritară a fost salvarea Comisiei.

Consecinţele acestui scandal se ştiu: CEO-ul de la Volkswagen a fost concediat, compania a pierdut aproape jumătate din valoarea acţiunilor de pe bursă, un produs apreciat în toata lumea a căzut în dizgraţie, milioane de proprietari de autoturisme s-au simţit înselaţi şi câteva fabrici au fost închise parţial sau total lăsând oamenii pe drumuri. Nici vorbă de dividende iar noile modele de maşini vor întârzia să apară.

Până acum, se pare că pierderile companiei se ridică la aproape 30 de miliarde de euro, şi acesta este numai începutul. Să nu uităm că apar şi victimele colaterale, producători europeni care, într-un fel sau altul au legătură cu Volkswagen şi care acum sunt afectaţi, cu sau fără vină, de scandal. Iar tot acest lucru este oare bun pentru negocierea TTIP, - parteneriatul comercial cu SUA, unde se presupune că parţile se bazează pe încredere reciprocă?

Dezvoltarea masivă a pieţei de motoare diesel a venit in 1998, ca urmare a înţelegerii dintre Comisia Europeană şi industria auto. Sub presiunea Protocolului de la Kyoto, care prevedea limitarea emisiilor de gaze cu efect de seră, statele membe au acordat facilităţi fiscale producătorilor de motoare diesel, pentru a încuraja producţia acestora. Din păcate acum asistăm la o soluţie şchioapă, prin care producătorilor de autoturisme din Uniune li se va permite între 2017 şi 2020 să depăşească la emisii limita legală de bioxid de azot cu 110%, după care pot depaşi cu 50% limita de bioxid de azot pe o perioadă nedefinită. În condiţiile în care bioxidul de azot este mult mai periculos decât bioxidul de carbon, concluzia la care ar ajunge un om obişnuit nu poate fi decât una singură: Uniunea nu dă doi bani pe limitarea emisiilor de gaze cu efect de seră!

Salarii şi beneficii

Salariile lunare de bază ale personalului Comisiei pornesc de la aproximativ 2300 € pentru un proaspăt angajat asistent şi ajung la peste 16000 € pe lună pentru un senior cu peste patru ani vechime, aflat în poziţia de top (nivel AD). La acest salariu de bază se adaugă diferite alocaţii (cum ar fi alocaţia de expatriere de 16% din salariul de bază dacă vii dintr-un stat membru ca să lucrezi la Bruxelles sau alocaţii pentru soţ/soţie/copii). Statutul funcţionarului Uniunii Europene se găseşte la http://eur-lex.europa.eu/legal-content/RO/TXT/PDF/?uri=CELEX:01962R0031-20140501&from=EN

Există un proiect prin care se propune reducerea numărului de angajaţi cu 5% până în 2017 faţă de numărul existent în 2013.

Salariul de bază se exprimă în sume în euro pe lună, la care, aşa cum spuneam, se adaugă diverse alocaţii neimpozabile care duc la o creştere substanţială a veniturilor. Salariul de bază minus 805 € neimpozabili se taxează în felul următor: impozit de 12,5% pentru preşedinte, Înaltul Reprezentant pentru Afaceri Externe şi vice-preşedinti, 10% pentru comisari şi funcţionari publici de top şi 8% pentru funcţionarul mediu, dar şi aici, după caz, mai pot fi scutite de impozit de 10% din salariul de bază considerate cheltuieli ocupaţionale şi personale, precum şi dublul alocaţiei pentru fiecare copil aflat în întreţinere.

Din salariu se platesc 10,1% contribuţia la pensie, şi cam 6-7% contribuţie pentru fondul de solidaritate, aceasta din urmă încetându-şi efectul abia în 31 decembrie 2023.

Se decontează toate cheltuielile de călătorie.

La ora actuală, Preşedintele Comisiei Europene este îndreptăţit la un salariu lunar de 26.167 €, la care se adaugă alocaţia de expatriere de 4.166 €, alocaţia de protocol de 1407 €, alocaţia de instalare de

8.722 €, 30 € diurna dacă se află în afara instituţiei, alocaţia de gospodărire de 1.222 €, 384,5 € alocaţia pentru copilul aflat în întreţinere (dacă acest copil este mai mic de 27 de ani), respectiv 261 € alocaţia pentru educaţia copilului dacă acest copil este mai mic de 27 de ani.

La un calcul simplu, vedem că preşedintele Comisiei primeşte în total pentru fiecare an de mandat peste 321.000 €, la finalul mandatului de cinci ani ajungând la 1.711.216 €.

Similar, Înaltul Reprezentant pentru Afaceri Externe este compensat anual cu 298.347 €, un vice-preşedinte al comisiei cu 287.794 €, un comisar cu 262.688 €, şi un funcţionar public de top cu 230.740 €.

Comisarii sunt îndreptăţiţi să primească la terminarea mandatului o alocaţie de tranziţie vreme de trei ani, această alocaţie fiind între 40% şi 60% din salariul de bază final, în funcţie de durata mandatului. Această alocaţie este impozitată potrivit normelor Uniunii Europene. Dacă fostul comisar se angajează în această perioadă, atunci salariul pe care îl primeşte, plus alocaţia, nu pot depăşi remuneraţia unui comisar.

Foştii comisari sunt îndreptăţiţi ca de la împlinirea virstei de 65 de ani să primească pensie. Şi aceasta se impozitează potrivit normelor Uniunii Europene. Pensia se calculează ca 4,275% din salariul de bază al fiecărui an de mandat complet. Oricum, pensia nu poate depasi 70% din salariul de bază final. Această pensie se poate adăuga la pensia din statul de origine sau la pensia privată.

Din ianuarie 2016 atât preşedintele Juncker cât şi preşedintele Donald Tusk au avut o creştere salarială de aproximativ 700 €, salariile lunare ale acestora ajungând la peste 31.000 €.

Dacă ar fi să fim critici, nu ne putem abţine de la comentariul că această creştere se aplică retroactiv, cu începere din iulie 2015 în condiţiile în care Uniunea se străduieşte să îşi revină după criza financiară iar rata şomajului în eurozonă este de 10,7%.

Este interesant că nimeni nu are situaţia exactă a plăţilor către înalţii oficiali europeni, inclusiv alocaţiile de care beneficiază, invocându-se motivul că trebuie să se respecte protecţia datelor personale.

CUM APAR LEGILE EUROPENE

Legile europene au la bază un articol specific din tratat, articol care reprezintă în limbajul de specialitate 'temeiul juridic'. În funcție de acest articol se fac pașii către adoptarea legii respective. În linii mari, Comisia face o propunere, Parlamentul și Consiliul citesc propunerea respectivă iar organismele consultative își exprimă punctul de vedere și își dau avizele necesare. În funcție de situație, se decide dacă pentru legea respectivă este necesara unanimitatea sau este suficientă majoritatea calificată.

În general, legile Uniunii Europene se adoptă prin procedura legislativă ordinară (adică obișnuită). În situația aceasta, atât Parlamentul cât și Consiliul dețin împreună puterea legislativă. De obicei, Parlamentul votează propunerile prin majoritate simplă iar Consiliul prin majoritate calificată, aceasta însemnând că fiecare stat membru are un număr de voturi în funcție de dimensiunea sa și de populație. Mai precis, majoritatea calificată înseamnă 55% dintre statele membre, reprezentând cel puțin 65% din populația Uniunii.

Propunerile legislative europene se fac pe **principiul subsidia-rității**, aceasta însemnând că Uniunea intervine numai acolo unde o legislație adoptată la nivel European este mai eficientă decât una adoptată la nivel național.

Prin tratatele Uniunii Europene se stabilesc foarte clar domeniile în care Uniunea Europeană are **competența exclusivă** (adică deciziile sunt luate de Consiliu şi Parlament). Cele mai importante domenii care intră în această zonă sunt politica monetară a eurozonei, politica vamală, concurenţa, comerţul şi nu în ultimul rând politicile privind pescuitul.

În alte domenii, competenţele revin atât Uniunii Europene cât şi statelor membre, aceasta însemnând că deciziile luate la nivel european sunt prioritare, dar dacă nu se adoptă niciun act legislativ la acest nivel, atunci statele membre îşi pot adopta propriile legi la nivel naţional. Acesta se numeste *competenţa partajată*.
Domeniile în care întâlnim competenţa partajată sunt cele legate de agricultură, mediu, piaţa internă, transport şi protecţia consumatorului.

Toate celelalte domenii intra în competenta statelor membre. Deci, dacă un domeniu de politică nu este menţionat în tratat, atunci Comisia nu poate propune nicio lege în acel domeniu, în schimb poate sprijini iniţiativele naţionale. Câteva domenii care intră în acest caz sunt educaţie, cultură, turism sau chiar sectorul spaţial.

Înainte de a face o propunere, Comisia Europeană se consultă nu numai cu guvernele statelor membre, dar şi cu instituţii, asociaţii, organizaţii neguvernamentale, inclusiv cetăţeni. În general Comisia Europeană are iniţiativa propunerilor, dar se poate întâmpla să fie făcute propuneri şi de către Parlamentul European, Consiliu sau Consiliul European sau chiar de cetăţeni. În această ultima situaţie, dacă cel puţin un milion de cetăţeni ai Uniunii Europene din cel puţin un sfert din numărul statelor membre (în situaţia actuală din şapte state membre) invită Comisia să facă o propunere legislativă pe o anumită problemă, atunci apare aşa numita 'iniţiativă a cetăţenilor europeni'. Ca fapt divers, ar fi interesant de văzut ce răspuns ar da Comisia dacă un milion de cetăţeni din şapte state membre ar propune ca Uniunea Europeană să nu fie de acord cu ieşirea Regatului Unit din Uniune. Evident că am făcut o glumă...

Structura principală care pregăteşte toate documentele ce urmează să fie incluse pe agenda Consiliului (cu excepţia unor problem legate de agricultură) este COREPER-ul (Committee of the Permanent Representatives of the Member States to the European Union). Această structură trebuie să coordoneze şi să pregătească lucrările Consiliului, să vegheze la consistenţa politicilor Uniunii şi să ajungă la acorduri sau compromisuri care să fie supuse aprobării Consiliului.

La rândul sau, COREPER este format din COREPER1, – fomat din reprezentanţii adjuncţi ai fiecărui stat membru, preşedintele de sedinţă fiind reprezentantul adjunct al ţării care are preşedinţia Consiliului Afacerilor Generale, şi COREPER2, – format din reprezentanţii permanenţi ai fiecărui stat membru, în acest caz preşedintele de sedinţa fiind reprezentantul permanent al ţării ce deţine preşedinţia Consiliului Afacerilor Generale.

Atribuţiile diferă pentru fiecare în parte. COREPER1 se ocupă de pregătirea agendei ori de câte ori sunt probleme de agricultură şi pescuit (dar cu mandate destul de restrictive), concurenţă, educaţie, tineret, cultură şi sport, piaţa muncii, politici sociale, sănătate, mediu, transport, telecomunicaţii şi energie. COREPER2 pregăteşte agenda pentru probleme legate de afaceri financiare şi economice, afaceri externe, afaceri generale, justiţie şi afaceri interne.

Materialele pentru COREPER 1 sunt pregătite de grupul Mertens iar cele ale COREPER 2 de grupul Antici (după numele unor experţi remarcabili). În structura lor intră asistenţii personali ai membrilor COREPER care se întâlnesc cu o zi înainte de sedinţele COREPER şi, cu ajutorul Cabinetului Secretariatului General şi cu un membru al serviciului Juridic, finalizează agenda COREPER, ce puncte trebuie să intre la capitolul 'şi altele' şi lista finală a obiecțiilor exprimate de statele membre pe unele documente.

Consiliul votează prin majoritate simplă, majoritate calificată sau unanimitate, în funcție de subiectul în discuție...

Elaborarea unei legi este cunoscută şi sub numele de trilog sau trialog, întrucât sunt implicate trei entități: Comisia, Consiliul şi Parlamentul.

Deseori este nevoie să se țină cont de recomandările unor organisme consultative, mai ales dacă propunerea legislativă intră în zona de interes a acestora, dar, după cum le arată şi numele, aceste recomandări sunt consultative. Cele mai importante organisme consultative sunt ECOSOC (Comitetul Economic şi Social) care reprezintă angajatori, sindicate, grupuri de interese şi grupuri ale societății civile, şi Comitetul Regiunilor, care face cunoscută poziția administrațiilor locale şi regionale. Se poate consulta şi Banca Centrală Europeană, mai ales pe probleme economice şi financiare.

Drumul unei legi de la propunere până la aprobare şi intrarea în vigoare este următorul:

1. Comisia Europeană face propunerea
2. Parlamentele naționale studiază propunerea şi trimit avizele necesare
3. Dacă este necesar, se cer avizele ECOSOC (Comitetul Economic şi Social) şi de la Comitetul Regiunilor

Se face prima lectură

4. Parlamentul European face prima lectură şi adoptă o poziție, aducând amendamente dacă este cazul.
5. Pe baza tuturor amendamentelor Comisia îşi poate modifica propunerea.

6. Se face prima lectură de către Consiliu, care îşi exprimă poziţia prin intermediul majorităţii calificate, unanimitatea fiind prevazută numai în câteva domenii excepţionale. (Să nu uităm însă că adoptarea prin unanimitate dă posibilitatea oricărui stat membru de a-şi exercita dreptul de veto, indiferent de interesele majorităţii).

7. **Dacă poziţia Parlamentului este acceptată de Consiliu, atunci legea se adoptă.**

8. Dacă Parlamentul European şi Consiliul nu ajung la înţelegere şi nu acceptă amendamentele, atunci Consiliul îşi exprimă poziţia să după prima lectură şi se trece la a doua lectură.

A doua lectură

9. Poziţia Consiliului după prima lectură este trimisă la Parlament şi acesta face a doua lectură. Dacă Parlamentul aprobă această poziţie, se consideră că s-a făcut 'a doua lectură timpurie' şi **actul se adoptă.** Dacă Parlamentul nu este de acord cu poziţia Consiliului va propune amendamente şi retrimite propunerea amendată la Comisie.

10. Comisia Europeană îşi prezintă avizul privitor la amendamentele făcute de Parlamentul European şi trimite toată documentaţia la Consiliu.

11. Consiliul face a doua lectură şi îşi exprimă poziţia prin intermediul majorităţii calificate, sau prin unanimitate, după caz.

12. În situaţia în care Consiliul aprobă toate amendamentele Parlamentului la poziţia din prima lectură, atunci **legea se adoptă.**

13. Dacă Parlamentul şi Consiliul nu ajung din nou la un acord privind amendamentele la poziţia Consiliului din prima lectură, atunci se ajunge la Conciliere.

Concilierea

14. Se face convocarea Comitetului de conciliere. Acesta este format dintr-un număr egal de reprezentanţi ai Consiliului şi Parlamentului European. La sedinţele comitetului participă şi reprezentanţii comisiei exprimându-şi punctul de vedere.
15. Comitetul de conciliere studiază amendamentele şi agreează un text comun care se trimite Parlamentului şi Consiliului pentru a treia lectură.

A treia lectură

16. Dacă Parlamentul şi Consiliul acceptă textul Comitetului de conciliere, **actul se adoptă**.
17. Dacă Parlamentul şi Consiliul nu acceptă în continuare propunerile Comitetului de conciliere, atunci **legea nu se adoptă**.

CURTEA DE JUSTIȚIE A UNIUNII EUROPENE

Curtea de Justiție a Uniunii Europene (Curtea), numită în trecut Curtea Europeană de Justiție, este instituția care trebuie să verifice și să se asigure că legislația Uniunii este interpretată și aplicată la fel în fiecare stat membru, în toate împrejurările. S-a înființat în 1952 și are sediul la Luxemburg.

Curtea soluționează litigiile dintre statele membre, instituțiile europene, companii și chiar persoane fizice.

Curtea pronunță hotărâri în cinci tipuri principale de cauze înaintate spre soluționare:

- ***Hotărârea preliminară/interpretarea legislației,*** – în situația în care o instanță națională are îndoieli în legatură cu interpretarea sau aplicarea unei legi europene. În acest caz, Curtea îi furnizează o opinie numită 'procedura de pronunțare a unei hotărâri preliminare'.

- ***Infringement / Proceduri de constatare a neîndeplinirii obligațiilor / respectarea legislației,*** – în situația în care un stat membru nu își îndeplinește obligațiile ce îi revin potrivit legislației Uniunii. Aceste acțiuni pot fi inițiate de Comisia Europeană sau de alt stat membru. Curtea cercetează acuzațiile, se pronunță, și statul membru găsit vinovat trebuie să remedieze situația cât mai repede pentru a nu avea de suportat penalități.

- *Acţiunile în anulare / anularea unor acte legislative ale UE*, – în situaţia în care un stat membru, Consiliul, Comisia Europeană sau Parlamentul European consideră că o lege europeană încalcă drepturile fundamentale sau tratatele Uniunii, cu alte cuvinte este 'ilegală' şi cere Curţii să anuleze legea. În unele cazuri, acţiunile în anulare pot fi solicitate şi de persoane fizice dacă acestea consideră că o anumită lege le afectează în mod direct şi negativ.
- *Garantarea unei acţiuni a Uniunii Europene/ Acţiunile în constatarea abţinerii de a acţiona*, – în situaţia în care Parlamentul European, Comisia şi Consiliul nu adoptă anumite decizii deşi ar trebui să facă acest lucru. Statele membre, alte instituţii europene, companii sau persoane fizice pot înainta o plângere Curtii cerând ca aceasta să consemneze oficial abţinerea de a acţiona.
- *Acţiuni în despăgubire/ sancţionarea instituţiilor Uniunii Europene,* – în situaţia în care o persoană sau o companie intentează o acţiune împotriva instituţiilor europene sau a angajaţilor acestora dacă a avut de suferit de pe urma acţiunii sau lipsei de acţiune a acestora.

Curtea are trei componente: Curtea de Justiţie, Tribunalul şi Tribunalul Funcţiei Publice

Curtea de Justiţie este formată din 28 de judecători (câte unul pentru fiecare stat membru) şi 11 avocaţi generali. Mandatele acestora sunt de şase ani. Se ocupă de solicitările legate de pronunţarea unor hotărâri preliminare făcute de instanţele naţionale şi de anumite acţiuni în anulare sau recursuri. Uneori poate fi sesizată de persoane fizice, companii sau organizaţii care doresc să intenteze o acţiune împotriva unei instituţii europene despre care au suspiciunea că le-ar fi încălcat drepturile.

Tribunalul este format tot din 28 de judecători numiţi de statele membre pentru câte un mandat de şase ani, şi se ocupă de acţiunile în anulare iniţiate de companii şi persoane fizice şi uneori de guvernele statelor membre.

Tribunalul Funcţiei Publice, – are 7 judecători cu mandat de câte şase ani şi soluţionează disputele dintre instituţiile Uniunii şi personalul acestora.

Curtea de Justiţie a Uniunii Europene desemnează pentru fiecare caz un judecător, numit 'judecător raportor' şi un avocat general, care evaluează cazurile prezentate în două etape: etapa scrisă şi audierea publică sau etapa orală. Tribunalul procedează în acelaşi mod, cu amendamentul că sunt mai puţini judecători pe caz şi nu există avocat general la această instanţă.

Dacă cineva consideră că autorităţile dintr-un stat membru au încălcat legislaţia europeană, atunci acea persoană trebuie să urmeze procedura oficială privind depunerea unei plângeri.

Dacă aveţi motive întemeiate să recurgeţi la acest demers, în formularul corespunzător, care se descarcă de pe *www.ec.europa.eu*, trebuie să descrieţi modul în care credeţi că autorităţile naţionale au încălcat legislaţia europeană, indicând şi prevederea europeană la care va referiţi. Nu în ultimul rând, trebuie să arătaţi cât mai exact şi ce anume acţiuni aţi întreprins pentru a rezolva problema în cauză.

În termen de 15 zile de la primirea formularului dvs., Comisia Europeană va confirma primirea plângerii dvs. Apoi, în următoarele 12 luni, Comisia Europeană va analiza plângerea dvs. şi va decide dacă este cazul sau nu să iniţieze împotriva statului membru în cauză procedura de constatare a neîndeplinirii obligaţiilor luate potrivit actelor legislative şi normelor Uniunii. Toată analiza este foarte complicată şi poate dura mult, dar dacă există decizia Comisiei Europene de a declanşa procedura de constatare a neîndeplinirii obligaţiilor, veţi fi informat periodic în legatură cu evoluţia analizei şi a dosarului.

Comisia Europeană are toată libertatea de a decide dacă este cazul să înceapă acţiunea de constatare a neîndeplinirii obligaţiilor şi când să înceapă această acţiune.

Este bine să reţinem însă că în majoritatea cazurilor, drepturile pe care le avem prin legislaţia europeană sunt mai degrabă şi mai prompt apărate de organismele naţionale decât de cele ale Uniunii.

Domeniile în care Curtea asigură consiliere cetăţenilor Uniunii şi familiilor acestora sunt extrem de diverse: formalităţi de şedere, călătorii, lucrători şi pensionare, educaţie şi tineret, sănătate, familie, consumatori, chiar şi autoturisme.

Pentru întreprinderi, domeniile în care Curtea acordă sprijin sunt: concurenţa neloială, ajutoare de stat ilegale pentru concurenţi din străinătate, înfiinţare şi dezvoltare, fiscalitate, vânzări în străinătate, angajaţi, norme privind produsele, finanţare, contracte de achiziţii publice şi mediu.

În ianuarie 2015 a fost un freamăt destul de mare la nivelul instituţiilor europene când Curtea a decis să blocheze eforturile Uniunii de a semna Convenţia Europeană pentru Drepturile Omului (ECHR), judecătorii Curţii practic sfidând atât voinţa Parlamentului European şi a Comisiei Europene cât şi sfatul propriului avocat. Să nu uităm că problema de fond în demersul Uniunii de a adera la ECHR o constituie întărirea protecţiei drepturilor omului în Europa. Faptul că Uniunea a cerut membrilor săi să adere la o convenţie la care nu este parte a fost considerată o anomalie. Pe de altă parte, efectul acestei aderări ar fi fost acceptarea Curții Europene pentru Drepturile Omului pe post de supervizor extern al Curții Europene de Justiție în domeniul drepturilor fundamentale, aducând astfel atingere competențelor Uniunii Europene. Greu de digerat așa ceva, mai ales când este vorba de interese și orgolii uriașe.

Curtea Europeană de Justiție, care oricum exagerează când este vorba de unicitatea ordinii constituționale a Uniunii, a motivat printre altele că, prin acceptarea aderării la ECHR se va netezi drumul amestecului Curții Europene pentru Drepturile Omului în afacerile interne ale Uniunii.

La ora actuală, Uniunea Europeană trebuie să completeze negocierile privind propriile reguli interne care vor guverna modul în care instituțiile vor gestiona problemele viitoare legate de ECHR. Trebuie negociate noi clauze, incluse în tratate, care să oblige statele membre să respecte identitatea constituțională a Uniunii Europene și, nu în ultimul rând, din punct de vedere al principiilor și valorilor. O astfel de clauză, potrivit europarlamentarului Andrew Duff, ar trebui să fie numită 'clauza Victor Orban'. Nu este nevoie să explicăm de ce.

Puterile Curții Europene de Justiție sunt enorme: să nu uităm că decizia finală a Curții are un impact măsurabil asupra organizațiilor economice și sociale din Uniune. Într-o comunitate europeană în care nu este stabilită o ierarhie clară între Curtea Europeană de Justiție și curțile constituționale ale statelor membre, implementarea legislației europene depinde enorm de cooperarea și buna intenție a instanțelor naționale.

În 2014, Tribunalul avea peste 1400 dosare blocate în așteptarea rezoluției, aproape dublul numărului dosarelor aflate la Curtea de Justiție. Dosare legate de competiție pot fi blocate în medie și câte patru ani până la soluționare, deși unele cazuri au avut de așteptat și câte zece ani. Lucrul acesta are efect de bumerang, pentru că de multe ori, chiar dacă o organizaţie sau persoană are dreptate în sesizarea sa, va prefera să se lase păgubaşă decât să meargă la instanţa europeană din Luxemburg.

Pe de altă parte, determinarea responsabilităţii şi a penalităţii corespunzătoare pentru evenimente care au avut loc cu zece ani în urmă reprezintă în sine o întârziere de neacceptat. Orice perioadă de *infringement* poate pre-data cu câţiva ani o investigaţie a Comisiei, adaugând şi mai mult la şi aşa îndelungată întârziere până la formularea verdictului.

Este adevărat că 2016 a marcat introducerea de noi proceduri, în principal prin alocarea unor cazuri de importanţa sau complexitate minore, sau a cazurilor de proprietate intelectuală (care reprezintă cam 30% din dosare) unui singur judecător, aşa încât să nu mai fie necesară convocarea celor 3, 5, 15 sau 28 de judecători. Vom vedea în timp dacă noile proceduri vor face Curtea mai eficientă.

BANCA CENTRALĂ EUROPEANĂ

Banca Centrală Europeană (BCE) are ca principală misiune păstrarea stabilității monetare în eurozonă prin asigurarea stabilității prețurilor, respectiv asigurarea unei inflații scăzute și stabile a prețurilor de consum. În *job description*, BCE trasează politica economică și monetară și urmărește susținerea ocupării forței de muncă, monitorizează șomajul și urmărește creșterea dezvoltării durabile în Uniunea Europeană. Banca face parte din Uniunea Economică și Monetară din care fac parte toate statele membre ale Uniunii.

Ținta finală a Unității Economice și Monetare este aderarea la eurozonă și adoptarea monedei unice de către toate statele membre. Ținta este ambițioasă, dar greu de realizat, pentru că unele state membre nu întrunesc condițiile de aderare la eurozonă, iar altele, chiar dacă întrunesc condițiile, nu doresc să adere. Pe de altă parte, sunt țări care nu fac parte din Uniunea Europeană dar au semnat acorduri speciale separat așa încât să poată folosi euro ca monedă pe teritoriul lor.

Băncile centrale naționale ale tuturor statelor membre ale Uniunii și Banca Centrală Europeană fac parte din Sistemul European al Băncilor Centrale.

BCE gestionează moneda euro și a politicii monetare din eurozonă și este o instituție independentă, care adoptă decizii fără a solicita sau accepta instrucțiuni de la guvernele din eurozonă sau de la alte instituţii europene. Are sediul în Germania, la Frankfurt pe Main şi membrii ei sunt băncile centrale naţionale din eurozonă.

La ora aceasta, BCE are la Frankfurt peste 2500 de angajaţi din toată Europa.

Începând cu 2011, Mario Draghi este preşedintele Băncii Centrale Europene, preluând mandatul în plină criza a monedei unice. Biroul său se află la etajul 35 al clădirii Eurotower din Frankfurt.

Banca Centrală Europeană a fost înfiinţată în 1998, odată cu apariţia monedei unice.

Stabilitatea preţurilor este gestionată de BCE prin stabilirea ratelor dobânzilor la creditele pentru băncile comerciale, influenţând în acest fel masa monetară aflată în circulaţie, costul propriu-zis al banilor şi, implicit, rata inflaţiei.

Pentru a desfăşura operaţiunile de creditare, Banca Centrală Europeană deţine şi gestionează rezervele valutare oficiale ale statelor membre din eurozonă şi aprobă tipărirea bancnotelor euro de către aceste state. Totodată, se asigură că instituţiile şi pieţele financiare sunt supravegheate corespunzător de către autorităţile naţionale şi verifică funcţionarea corectă a sistemelor de plăţi.

Nu în ultimul rând, BCE garantează siguranţa şi soliditatea sistemului bancar european.

Organismele decizionale ale Băncii Centrale Europene sunt:
- **_Consiliul guvernatorilor_**, – principalul organ decizional, este format din cei şase membri ai Comitetului executiv şi din cei 19 guvernatori ai băncilor centrale din eurozonă. Acesta analizează evoluţiile economice şi monetare, defineşte politica monetară a eurozonei şi fixează ratele dobânzilor la care băncile comerciale pot obţine bani de la BCE. Aderarea

Lituaniei la eurozonă în 2015 a schimbat modalitatea de vot
în Consiliul Guvernatorilor. În prezent, ţările din eurozonă
sunt împărţite în grupuri, în funcţie de dimensiunea
economiilor lor şi ale sectoarelor lor financiare. În acest sens,
s-a facut o ierarhizare: guvernatorii din primele cinci tari:
Germania, Franta, Italia, Spania si Olanda împart patru
drepturi de vot, iar toţi ceilalţi 14 guvernatori împart 11
drepturi de vot. Guvernatorilor le vine rândul la vot prin
rotaţie o dată pe lună.

Inainte de 1 ianuarie 2015, principiul era un membru – un
vot. Cu sistemul de rotaţie sunt trei clase diferite de membri
ai Consiliului Guvernatorilor, in condiţiile in care membrii
Comitetului Executiv au permanent dreptul la vot.

- **Comitetul executiv,** – care gestionează activitatea de zi cu
  zi, este format din preşedintele şi vicepreşedintele BCE şi
  4 membri desemnaţi de liderii ţărilor din eurozonă pentru un
  mandat de 8 ani. Acesta aplică politica monetară, pregăteşte
  reuniunile Consiliului guvernatorilor şi exercită competenţele
  pe care Consiliul guvernatorilor i le deleagă.
- **Consiliul general,** – care are rol de consultant şi
  coordonare, este format din preşedintele şi vicepreşedintele
  BCE şi din guvernatorii băncilor centrale din toate statele
  membre ale Uniunii Europene. Acesta contribuie la acţiunile
  de consultare şi coordonare şi sprijină statele membre care
  doresc să adere la moneda unică.

Supravegherea sistemului bancar se face prin Mecanismul Unic
de Supraveghere, din care fac parte BCE şi autorităţile naţionale de
supraveghere din ţările participante. Mecanismul a aparut ca o
consecinţă a crizei financiare adânci în care s-a aflat eurozona (şi din
care încă nu şi-a revenit).

Obiectivele acestui mecanism unic de supraveghere constau în asigurarea solidității și siguranței sistemului bancar, sporirea gradului de integrare și de stabilitate financiară și asigurarea unui proces de supraveghere consecvent.

BCE supraveghează în mod direct cele 129 de bănci semnificative din statele participante, care dețin peste 82% din activele bancare din eurozonă.

Pentru a intra în categoria de bancă semnificativă, o bancă trebuie să îndeplinească o serie de criterii, printre care: să fie de importanță economică pentru o țară specifică sau pentru Uniune ca întreg, valoarea bunurilor sale să depășească 30 de miliarde de euro, să aibă activități trans-frontaliere de o anumită valoare în mai mult de un stat membru participant și să fi cerut sau primit fonduri de la mecanismul european de stablitate sau de la Facilitatea europeană de stabilitate financiară.

Mai există și situația în care o bancă supravegheată poate fi considerată semnificativă dacă este una dintre cele trei cele mai semnificative bănci dintr-o anumită țară. Dacă o bancă semnificativă nu își poate îndeplini criteriile pentru trei ani consecutivi, atunci își pierde statutul și se reclasifică intrând în categoria celor nesemnificative, responsabilitatea supravegherii ei directe revenindu-i autorității naționale relevante.

Marea problemă a uniunii monetare a fost însă faptul că moneda unică a apărut fără a avea aranjamentele necesare pentru uniunea fiscală sau politică. De la bun început a fost o luptă între 'școala' germană și cea franceza în acest sens, germanii argumentând că prioritară este integrarea economică și convergența integrală, care trebuie să vină înaintea uniunii monetare, uniune care ar fi în final 'perla coroanei'.

Şcoala franceză, dimpotrivă, susţinea că este mai bine să porneşti cu uniunea monetară pentru că uniunea politică este dificil de construit şi, oricum, este un demers îndelungat care nu face altceva decât să genereze întârzieri ale întregului proces, facându-l chiar imposibil de atins. Şcoala franceză acceptă faptul că pornirea cu uniunea monetară va duce inevitabil la crize, dar, văzând jumatatea plină a paharului, aceste crize vor întări dorinţa politică de a se ajunge la uniune fiscală şi politică.

La ora actuală, puterea Băncii Centrale Europene depinde în mare măsură de susţinerea Germaniei. Să nu uităm însă că Angela Merkel a trebuit să se îndrepte spre BCE în momentul de vârf al eurocrizei. În vara anului 2012, Jorg Asmussen, – reprezentantul guvernului German, a stat umăr la umăr cu Mario Draghi, – preşedintele BCE, în confuntarea avută cu preşedintele Bundesbank. Lucrul acesta l-a determinat pe Draghi să afirme că 'BCE va face tot ce trebuie', dând un mesaj foarte puternic lumii că euro are un umăr pe care să se sprijine, iar efectele nu au întârziat să apară.

Dar, din păcate, odată cu ameliorarea presiunii financiare, Germania a început să dilueze concesiile pe care le făcuse în timpul crizei.

Teoretic BCE poate acţiona şi fără consimţământul Germaniei, dar mai mult ca sigur că nu va ajunge prea departe în demersul sau.

Doar în Europa, pierderea cumulativă din PIB generată de criza financiară s-a ridicat la valori de trilioane de euro. Nimeni nu îşi imaginase că inflaţia va ajunge la un asemenea cost.

La iniţiativa lui Draghi şi pentru a evita repetarea crizei, a luat fiinţă în 2012 un mecanism de furnizare a unor cantităţi masive de bani lichizi către sistemul bancar European, numit Operaţiunile de Refinanţare pe Termen Lung. În total, BCE a pus la bătaie 1 trilion de euro în imprumuturi pe trei ani cu dobânda de 1%, înlesnind totodată cerințele colaterale.

O problemă de fond a BCE este că, potrivit Tratatului de la Maastricht, aceasta se concentrează numai pe inflație, pe când problema gravă a Uniunii în momentul de față este șomajul.

Dar o și mai profundă problemă a BCE este lipsa răspunderii democratice. Din păcate nu este suficient să avem tehnocrați eminenți la BCE, atât timp cât băncile centrale naționale iau decizii politice în neștire.

Fixarea atenției pe inflație a dus la acordarea unei atenții insuficiente stabilității financiare. Lipsa de concentrare pe problema șomajului a dus inevitabil la creșterea acestuia. Mai mult decât atât, concentrarea pe inflație și inflexibilitatea instituției nu sunt tocmai potrivite într-o economie globală în care alte bănci centrale au flexibilitate mai mare a mandatelor lor.

Nenumăratele constrângeri impuse BCE au limitat abilitatea ei de a promova stabilitatea și creșterea economică, așadar, fără a-și dori acest lucru, Banca Centrală Europeană a jucat un rol esențial în creșterea inegalității în Uniune.

Lipsa politicii fiscale, – cu limitarea cheltuielilor Uniunii dar cu constrângeri impuse fiecărui stat membru în privința datoriilor, a adus o povară suplimentară politicii monetare. Ar fi fost esențial să se extindă orizontul de acțiune al instrumentelor BCE, să includa politici de reglementare cum ar fi îndeplinirea unor cerințe de capital și standarde de capital pentru bănci, – cu siguranța că s-ar fi ajuns la politici financiare mai adaptate și mai sensibile față de diferențele dintre statele membre în privința situației lor economice.

Și nu în ultimul rând, BCE s-a vazut nevoită să își înăsprească regulile etice în 2015, în urma unui scandal uriaș in jurul unor informații confidențiale pe care un înalt oficial le-a dat unor jucători importanți din lumea financiară, în special cu G30 (grup puternic de finanțiști din care fac parte nume grele, cum ar fi guvernatorul Băncii Angliei, președintele JP Morgan Chase International, foști președinți ai Federal Reserve sau ai Goldman Sachs, miniștri sau foști miniștri de finanțe, etc.) Pe viitor vor fi mai multe restricții în privința modului în care conducerea Băncii se va putea asocia cu reprezentanții unor corporații financiare. Persoana din centrul scandalului este Benoît Cœuré, membrul francez al Consiliului Guvernatorilor, care în luna mai 2015 a vorbit la un meeting al finanțiștilor la care au participat bancheri, administratori de fond și conducători ai Citigoup și Soros Fund Management.

Discursul lui integral îl găsiți la*:*
https://www.ecb.europa.eu/press/key/date/2015/html/sp150519.en.html

La această întâlnire, Cœuré a ridicat vălul de pe ceea ce urma să fie o iminentă decizie pe care BCE o va face în privința cumpărării de titluri de stat'. Era de presupus că o astfel de informație nu se face publică într-o astfel de ocazie și în nici un caz într-un grup de operatori de pe piața financiară, întrucât putea crea un avantaj special unui anume grup. Spre deosebire de competiția care nu era prezentă la întâlnire, cei prezenți puteau acționa pe baza informației primite despre programul BCE de cumpărare a titlurilor de stat, ceea ce au și făcut. Acest lucru a devenit foarte clar în aceeași seară, când cursul de schimb al euro a fost afectat de graba cu care participanții au dorit să-și îmbunătățească investițiile pe baza celor auzite.

BCE a comentat evenimentul ca fiind un incident generat de o eroare   de   procedură.

EURO, POLITICA MONETARĂ ŞI POLITICA FISCALĂ

O consecinţă a crizei economice din 2008 a dus la necesitatea consolidării politicilor monetare şi fiscale din Uniunea Europeană. În sensul acesta s-a formulat Pactul de Stabilitate şi Creştere economică, pe baza căruia statele membre sunt obligate să structureze solid finanţele publice şi să coordoneze politicile fiscale.

Potrivit tratatului Uniunii Europene, avem deficit bugetar excesiv dacă acesta este mai mare de 3% din PIB, iar datoria publică este considerată excesivă dacă depăşeşte 60% din PIB-ul statului membru respectiv fără a se micşora printr-o rată adecvată (adică o descreştere de 5% a datoriei publice pe an în medie pe trei ani consecutivi).

Uniunea prevede sancţiuni pentru ţările care nu respectă regulile de prevenire şi corecţie în privinţa politicilor fiscale, aceste sancţiuni venind sub formă de avertismente sau chiar amenzi.

Pentru eurozonă, sancţiunile financiare pot ajunge la 0,2% din PIB dacă nu se supun regulilor de prevenire sau corecţie şi chiar de 0,5% din PIB dacă sistematic nu respectă aceste reguli. Mai mult, toate statele membre (cu excepţia Marii Britanii) se pot vedea în situaţia de a li se suspenda plăţile din fondurile europene structurale şi de investiţii.

Potrivit comunicatului de presă dat de EUROSTAT în aprilie 2016, în 2015 deficitul şi datoria guvernamentală atât din eurozonă

(EA19) cât şi din Uniune (EU28) a scăzut în termeni relativi în comparaţie cu 2014. În EA19 deficitul guvernamental a scăzut de la 2,6% în 2014 la 2,1% în 2015, iar în EU28 de la 3,0% în 2014 la 2,4% în 2015. În eurozonă, datoria guvernamentală a scăzut de la 92,0% în 2014 la 90,7% în 2015, iar în EU28 de la 86,8% la 85,2%.

Politica monetară pentru cele 19 state membre din eurozonă este gestionată independent de Banca Centrală Europeană (BCE), aceasta însemnând că BCE asigură măsurile necesare pentru stabilitatea preţurilor şi a ratelor dobânzilor. BCE face politica monetară pe baza condiţiei generale a tuturor ţărilor din uniunea monetara. Aceasta crează o situaţie dificilă, pentru că ţările cu şomaj ridicat vor avea rate prea mari ale dobânzilor, pe când în cele cu creştere rapidă a salariilor ratele dobânzilor vor fi prea mici. O politică monetară eficientă şi bine gândită trebuie să ducă statele membre la un număr de reforme structurale care să genereze mai multă flexibilitate pentru pieţele forţei de muncă şi produselor. Prin creşterea flexibilităţii prin reforme structurale, costul ajustărilor când sunt şocuri asimetrice poate fi redus şi eurozona poate deveni o zona stabilă optimă. Pe de altă parte, reformele structurale vin cu un preţ greu de platit: tăieri salariale, micşorări ale ajutoarelor de şomaj, salariul minim diminuat şi proceduri mai simple de concediere.

Politica fiscală revine guvernelor statelor membre, ca şi politica forţei de muncă şi bunăstarii, cu alte cuvinte, tot ceea ce poate însemna fiscalizare, impozitare, cheltuieli şi împrumuturi. Este adevărat că un stat membru din eurozonă trebuie să îşi armonizeze politica fiscală cu reglementările de la nivelul Uniunii, întrucât orice decizie naţională din acest domeniu poate avea un impact major asupra celorlalte state membre din eurozonă. Deci aici marja de libertate este mai mică faţă de cea a statelor membre care nu au adoptat moneda unică.

Consiliul monitorizează politicile economice ale statelor membre și, pe baza propunerilor Comisiei, poate face recomandări statelor membre, după caz. Dacă este vorba de eurozonă, Consiliul poate chiar impune măsuri de sancționare a statelor membre care nu reduc nivelul datoriei sau au deficit excesiv.

Cum s-a ajuns la Uniunea monetară

Cele mai importante momente care au marcat trecerea la piața unică și apariția monedei unice sunt următoarele:

- 1962, – prin Memorandumul Marjolin comisia cere uniune vamală care să ducă la uniune economică până la sfârșitul anilor '60, cu rate de schimb valutar fixate irevocabil între statele membre.
- 1964, – se înființează Comitetul Guvernatorilor băncilor naționale din statele membre ale Comunității Economice Europene. Comitetului Guvernatorilor i se adaugă Comitetul Monetar.
- 1969 – Planul Barre propune o identitate monetară distinctă în Comunitatea Economică Europeană.
- 1970 – Raportul Werner specifică pașii prin care se poate introduce moneda unică.
- 1971 – statele membre agreează uniunea economică și monetară.
- 1973 – se înființează Fondul European de Cooperare Monetară, care va deveni nucleul organizării comune a băncilor naționale.
- 1979 – se lansează Sistemul Monetar European.
- 1988 – Consiliul European confirmă obiectivul unei realizări progresive a uniunii economice și monetare. Jacques Delors formează un comitet în acest sens.

- 1990 – Conferinţa Interguvernamentală explorează Uniunea Monetară Europeană (EMU) în paralel cu propunerile politice. În aest moment este bine să ne gândim ce se întâmplă pe scena politică mondială.

  • Prima faza a constituirii EMU a fost concentrarea pe completarea pieţei interne, reducând disparităţile dintre politicile economice ale statelor membre, înlaturând obstacolele către integrarea financiară şi intensificând cooperarea monetară
  • A doua faza a reprezentat-o perioada de tranziţie, punându-se de fapt bazele organizaţionale ale EMU. Se înfiinţează Institutul Monetar European ce avea să devină ulterior Banca Centrală Europeană.
  • A treia faza a constituit-o blocarea irevocabilă a cursului de schimb şi alocarea de responsabilităţi economice şi monetare către diverse instituţii comunitare. Atât Regatul Unit cât şi Danemarca au preferat să nu intre în această fază.
- 1993 – intra în vigoare Tratatul de la Maastricht care stipulează crearea Uniunii Economice şi Monetare până în 1999 pentru toate statele membre, cu excepţia Regatului Unit şi a Danemarcei.
- 1999 – Apare euro ca atare şi din 2002 bancnotele şi monezile încep să circule.
- 2009 – Tratatul de la Lisabona duce la apariţia Eurogroup respectiv la Banca Centrală Europeană.

Asa cum spuneam, în Imperiul Bunelor Intenţii apariţia monedei unice a fost o idee frumoasă, care teoretic (cel puţin în visele celor de acum cincizeci de ani) ar fi trebuit să ducă la creştere economică pentru statele membre prin creşterea eficienţei politicilor economice, prin eliminarea inegalităţii dintre ţările bogate şi cele sărace, prin mișcarea liberă de capital, servicii și persoane, prin toate ingredientele care, ca la carte, ar fi trebuit să atingă aceste obiective.

Din păcate, moneda unică, înșurubată într-un mecanism financiar nepus la punct, a generat efecte inverse. Fără a diminua efectele benefice ale Pieţei unice pentru schimburile comerciale, apariţia eurozonei a dus la deficit suplimentar pentru statele care au adoptat moneda unică europeană, la ora actuală acestea găsindu-se în situaţia de a evalua posibilitatea ieșirii din zonă.

Euro este folosit în majoritatea statelor membre ale Uniunii Europene, dar nu în toate. Ca să intre în eurozonă, un stat membru trebuie să îndeplinească anumite condiţii: deficitul bugetar guvernamental să fie mai puţin de 3%, datoria să nu fie mai mare de 60% din PIB, iar inflaţia să nu fie mai mare de media celor trei state membre cu inflaţia cea mai mică plus 1,5%.

Moneda unică europeană a fost văzută ca cel mai ambiţios proiect al Uniunii, ca un paravan de nezdruncint împotriva turbulenţelor de pe pieţele financiare internaţionale cauzate în special de colapsul din Statele Unite.

Din păcate, Statele Unite au reușit 'sa exporte' problemele financiare înspre Europa. În septembrie 2008, după căderea băncii Lehman Brothers, pieţele financiare erau pe punctul de a se spulbera, autorităţile au fost nevoite să iasă la rampă în repetate rânduri încercând să convingă pieţele că nu vor îngădui sub nicio formă căderea unei alte bănci similare ca importanţă. S-a ajuns chiar ca, în octombrie 2008, miniştrii de finanţe ai ţărilor Uniunii să plece cu o zi mai devreme de la reuniunea cu Fondul Monetar Internaţional de la Washington pentru a se reuni la Paris și a face o declaraţie comună că își vor proteja cele mai importante bănci. Din păcate, Cancelarul Angela Merkel a avut atunci proasta inspiraţie de a insista ca garanţiile să fie date de fiecare stat membru în parte și nu de Uniune ca ansamblu. Evident că acest lucru a subminat grav întreaga idee a garantării, moneda unică dovedindu-se o umbrelă fragilă luată de vânt și târând după ea multe economii slabe, după cum bine afirmau John Peet și Anton La Guardia.

Ca politician care își cunoaște bine țara și poporul, Merkel a răspuns dorinței germanilor de a înceta să mai fie 'buzunarul plin' al Uniunii, dar pentru moneda unică acest lucru a avut un efec dramatic. Mai mult, cancelarul a spus că *'germanii nu sunt de acord să își cheltuiască banii pe o națiune care a înșelat'* – se referea la Grecia, și că *'într-un final economiile germanilor ar ajunge să plătească pensii mai mari grecilor decât germanilor'*. Nu o putem bănui pe Angela Merkel de naivitate, orice politician versat, mai ales de talia ei, știe că afirmațiile făcute în public sunt monitorizate cu atenție, dezbătute și răs-dezbătute de cancelariile din toată lumea, de analiști economici și politici, de agențiile de rating, inclusiv de publicul larg. Dacă a fost o gafă, – a fost una de proporții. Dacă n-a fost gafă, atunci a fost un mesaj mai mult decât clar și puternic că Uniunea nu prea este Uniune. Întreaga lume a piețelor financiare a realizat pericolul că unele țări membre nu sunt atât de puternice încât să își susțină propriile bănci prin garanții masive, datoriile guvernamentale nefiind garantate de toți membrii eurozonei. În consecință, Uniunea începe să aibă o credibilitate financiară fragilă.

Începând cu anul 2009, Grecia, urmată imediat de Irlanda, Portugalia și Spania (grupul PIGS după cum erau denumite nu tocmai reverențios), au cunoscut o devalorizare internă masivă, ceea ce a dus la diminuarea salariilor și a prețurilor în comparație cu alții. Rapid, țărilor din epicentrul crizei li s-a alăturat și Italia, – eterna datoare, acronimul devenind PIIGS.

La vremea respectivă datoria guvernamentală a Greciei era de 300 miliarde de euro reprezentând 94,5% din PIB. Irlanda avea o datorie de 82,9% din PIB, fiind prima ţară din eurozonă care a intrat în recesiune încă din 2008, – de altfel a pompat 7 miliarde de euro în Bank of Ireland şi Allied Irish Bank şi a creat o agenţie de stat care să gestioneze problema datoriei. Spania a intrat în declin în special pe piaţa imobiliară, dar, deşi băncile se descurcau un pic mai bine ca cele din Grecia sau Irlanda, guvernul spaniol a anunţat un pachet de austeritate de 50 de miliarde de euro, inclusiv îngheţarea angajărilor în administraţia publică. Portugalia avea datoria de 84,6% din PIB şi, deşi ministrul de finanţe de la acea vreme s-a jurat că nu iese din eurozonă, a trebuit totuşi să recunoască 'situaţia extraordinară şi excepţională' în care se află ţara sa, 'din cauza unei crize economice şi financiare fără precedent în istoria noastră recentă'.

Uniunea a decis să sară în ajutor cu un efort financiar secvenţial de sute de miliarde de euro pentru salvarea eurozonei, nefăcând însă altceva decât să declanşeze un efect al bulgărelui de zăpadă şi masive nemulţumiri în statele membre care nu erau atât de afectate de criza financiară. Moneda unică a fost de câteva ori pe punctul de a claca, trăgând după ea Piaţa unică şi chiar Uniunea în ansamblu.

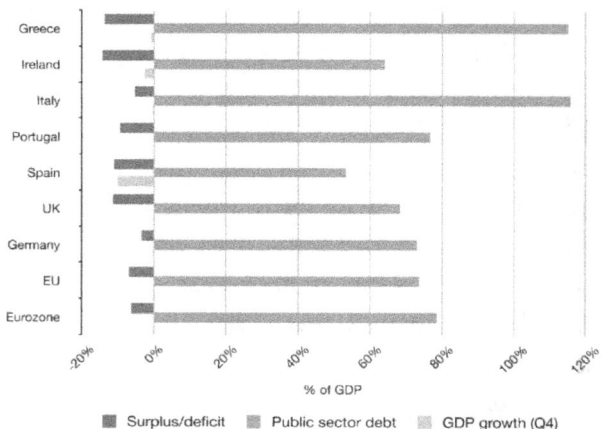

Situaţia datoriilor guvernamentale în 2010 www.wikipedia.org

Guvernele nu şi-au gestionat corect problemele structurale de fond, cum ar fi piaţa de muncă necompetitivă sau asigurările sociale nesustenabile, încercând să le ambaleze frumos în deficit guverna-mental. Cheltuielile publice au crescut şi veniturile au scăzut, iar lucrul acesta s-a întâmplat nu numai în ţările care trebuiau salvate dar şi la salvatorii presupuşi că vor suporta costul salvării, în special Germania.

În 2 mai 2010, statele din eurozonă împreună cu Fondul Monetar Internaţional decid să acorde un împrumut de 110 miliarde euro Greciei, aceasta acceptând să ia măsuri de austeritate dure. În 9 mai 2010, miniştrii de finanţe ai Uniunii aprobă un pachet de salvare de 750 de miliarde de euro.

Interesant este că tot Angela Merkel a spus de câteva ori începând cu 2010, când s-a decis salvarea Greciei, că 'dacă euro cade, atunci cade şi Europa'.

În mai 2012, chiar a existat propunerea făcută de Thomas Mayer, – fostul economist şef al Deutsche Bank, de a se introduce o monedă separată pentru Grecia: 'Geuro'.

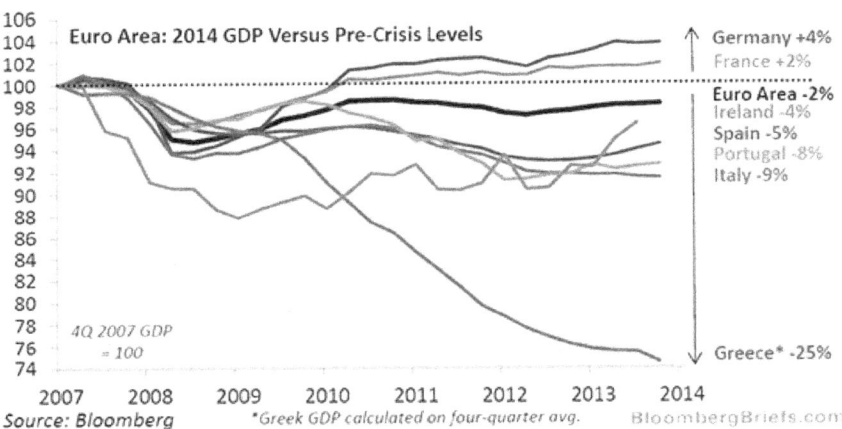

Abia în 2014 euro a început să dea ceva semne de stabilitate, dar în loc să ducă la reconciliere, efectele monedei unice au început să apară sub formă de resentimente între statele din nordul şi din sudul Uniunii. Germania se consolidează din ce în ce mai mult ca o superputere, Franţa cunoaşte declin economic şi masive tulburări de stradă, Italia apare ca fiind imposibil de guvernat, iar austeritatea impusă de la Bruxelles şi nenumăratele reuniuni de urgenţă mai degrabă au tulburat decât au liniştit ţările creditoare sau debitoare. Excesivele reduceri bugetare impuse de Bruxelles guvernelor statelor membre, reformele structurale care au dus la tăieri masive ale pensiilor şi ajutoarelor sociale, în loc să scoată ţările din criza, le-au impins spre pragul disperării.

Mai mult decât atât, euro a creat crize şi dintr-un alt motiv, se pare că neluate în calcul de către autorii politicilor monetare ale Uniunii. Când o ţară se imprumută în propria monedă, intră ceva mai greu într-o criză a datoriilor, din simplul motiv ca îşi poate tipări ceva mai mulţi bani (evident că mecanismul nu este chiar atât de facil).

De obicei sunt două variante: faci datorii într-o monedă forte şi îţi asumi riscul unor rate de schimb valutar fluctuante care te pot duce la datorii şi mai mari, sau te împrumuţi în propria monedă şi îţi asumi riscul unor dobânzi foarte mari. Deseori, pentru ţările nu tocmai dezvoltate sau ale căror guvernanţi nu sunt chiar cei mai luminaţi în privinţa strategiilor şi politicilor macroeconomice şi fiscale, consilierea dată de Fondul Monetar Internaţional a acţionat ca un bumerang, întorcându-se împotriva propriilor economii naţionale.

Pentru eurozonă a fost o situaţie fără precedent: împrumuturile, contractele, tranzacţiile se făceau de către ţări, companii şi cetăţeni într-o monedă pe care o foloseau dar pe care nu o controlau.

Banii plecau din băncile statelor slabe ajungând în băncile statelor puternice, drept consecinţă băncile statelor slabe trebuind să îşi limiteze împrumuturile, lucru care, la rândul sau, a dus la blocarea activităţii întreprinderilor mici şi mijlocii.

În 2013, împrumuturile acordate IMM-urilor erau cu peste 80% mai mici în Irlanda faţă de anii premergători eurocrizei, cu mai mult de 75% mai mici în Spania şi Grecia şi la jumătate în Portugalia. Ca exemplu, datoriile Greciei sunt în euro dar grecii nu câştigă din exporturi suficient pentru a-şi plăti aceste datorii şi nici nu controlează 'tipografia de bani' a Uniunii. Este situaţie fără ieşire?

Decidenţii europeni nu au reuşit să elaboreze o strategie clară şi proceduri pentru ieşirea unui stat membru din faliment dacă acesta are ghinionul să ajungă într-o astfel de situaţie. Lipsa de viziune sau prea mult optimism?

Din ce în ce mai frecvent se vehiculează ideea că apariţia monedei unice a fost o greşeală atât timp cât nu s-au creat instituţiile europene capabile să gestioneze funcţionarea efectivă şi eficientă a acesteia în peisajul extrem de complex al Uniunii.

Contradicţia comportamentală stranie a statelor din eurozonă, dintre determinarea de a avea moneda unică dar şi determinarea de a-şi asuma cât mai puţine obligaţii şi riscuri în legătură cu euro, stă de fapt la baza eurocrizei.

Uniunea Europeană, gândită ca o asociere liber consimţită între state egale s-a transformat într-o relaţie creditor-debitor, în care debitorul, pentru că nu are de unde plăti, trebuie să se supuna fără discuţie tuturor condiţiilor impuse de creditor. Iar lucrul acesta este extrem de bine exploatat acum de Germania în corul din ce în ce mai disonant al Uniunii.

Diversitatea economică şi politică din Uniune este un monstru greu de gestionat, şi, ca în poveste, dacă îi retezi un cap apar instantaneu alte zece cu care să te lupţi.

Structura eurozonei, normele şi reglementările sale nu au fost proiectate, din păcate, pentru a genera creştere economică, stabilitate şi prosperitate.

Pe fondul recesiunii economice au apărut mişcări naţionaliste şi ultranaţionaliste, diverse provincii cer independenţa, tendinţele xenofobe se amplifică şi, dacă toate acestea nu erau suficiente, valul masiv al migraţiei din nordul Africii a dus la poveri şi tulburări majore în Uniune.

GREXIT

Grexit este o abreviere de la Greece exit, adică se refera la eventuala ieşire a Greciei din eurozonă, reîntorcându-se la moneda naţională, – drahma, folosită până în 2001.

Cu o populaţie de aproximativ 11 milioane de locuitori, o suprafaţă de 131.957 km² şi mii de insule, Grecia s-a alăturat Uniunii Europene în 1981, – cu amendamentul că pe atunci Uniunea se numea Comunitatea Economică Europeană. Este cea mai importantă economie din Balcani, iar moştenirea ei culturală şi istorică este inestimabilă.

Timp de aproape 20 de ani, Grecia s-a comportat economic frumos, având o creştere a Produsului Intern Brut de aproximativ 1,7% pe an. În 2001 a decis să adopte moneda unică europeană, întrucât toate datele macroeconomice arătau că îndeplineşte condiţiile de a adera la eurozonă.

În 2004 a venit 'bomba', Kostas Karamanlis, – prim-ministrul de atunci al Greciei, afirmând public că guvernul precedent a falsificat datele economice, raportând deliberat că deficitul bugetar a fost mai mic decât 1% din PIB când, în realitate, a fost cu mult peste pragul de 3% impus de apartenenţa la eurozonă. Din păcate, nu era discurs electoral ci exprimarea unei realităţi care a prefigurat prăbuşirea vertiginoasă a economiei ţării.

În mai puţin de cinci ani, Uniunea asistă uimită la descompunerea structurală a finanţelor Greciei, cu deficitul bugetar crescând de la 97% din PIB în 2003 la 130% din PIB în 2009. Cu alte cuvinte, grecii consumau cu mult mai mult decât produceau!

Cheltuielile excesive, incompetenţa decidenţilor, corupţia, neregle-mentarea pieţei forţei de muncă şi, nu în ultimul rând, nivelul şocant de mare al pensiilor, toate la un loc au declanşat dezastrul economic. Nu în ultimul rând, Grecia se împrumutase masiv pe pieţele interna-ţionale de capital pentru a-şi finanţa bugetul guvernamental şi deficitul de cont curent, ajungând la un nivel extrem de ridicat al datoriilor în anii premergători crizei, când pieţele de capital au fost foarte lichide.

Cheltuielile guvernamentale se ridicasera la 87% pe când veniturile abia ajunsesera la 31%, procentul din PIB alocat pensiilor se ridicase de la 11,8% la 13%, numărul funcţionarilor publici crescuse cu aproape 150000, evaziunea fiscală era fără precedent iar politicienii nu se oboseau să ia măsuri, pe de o parte, pentru că şi ei erau în culpă, pe de altă parte, pentru că măsurile populiste le aduceau voturi ajutându-i, ca peste tot în lume, să rămână la putere.

Izbucnirea crizei financiare din 2008 a lovit din plin structura economică şi aşa şubredă a Greciei. Cele trei importante agenţii de rating au retrogradat Grecia pe bandă rulantă, culminând cu Standard & Poor's care trece datoriile Greciei la 'junk status', – mai rău de atât nu se putea. Dobânzile pentru titlurile de stat pe 10 ani ajunseseră să depăşească 44% în primăvara lui 2012.

Pe fondul problemelor economice, partidul socialist Pasok preia controlul guvernului la sfârşitul anului 2009 şi introduce primele măsuri de austeritate: salariile şi cheltuielile din sectorul public reduse cu 10%, cresc preţurile la combustibil şi se impune creşterea vârstei de pensionare. Mai mult, guvernanţii anunţă continuarea măsurilor de austeritate şi pentru următorii ani, prin reducerea şi mai mare a cheltuielilor din sectorul public şi disponibilizări masive, taierea salariului minim, creşterea taxelor, reducerea cheltuielilor privind sănătatea şi apărarea, inclusiv schimbarea codului muncii pentru a se înlesni procedurile de disponibilizare a personalului.

Dar totul s-a petrecut 'Greek style', respectiv aplicându-se procedeul 'pentru unii muma, pentru alţii ciuma'.

Dacă măsurile de austeritate aduceau atingere vreunui grup puternic de interese, atunci nu se mai aplicau acelui grup sau se aplicau parţial, pe când cele care afectau marea masă a populaţiei erau puse în aplicare integral.

Giorgios Papandreou, – prim-ministrul Greciei, cere în 2010 un pachet de salvare, pachet oferit în luna mai 2010 de Uniunea Europeană şi de Fondul Monetar Internaţional, în valoare de 110 miliarde de euro, pentru trei ani. Contribuţia Uniunii a fost de

80 de miliarde de euro iar FMI a contribuit cu 30 de miliarde de euro. Atât Uniunea cât şi FMI îi cer Greciei în schimbul acestui pachet , – cel mai mare din istorie, continuarea şi chiar asprirea măsurilor de austeritate.

Mai mult decât atât, să nu uitam că Banca Centrală Europeană furnizează între ianuarie 2010 – mai 2011 impresionante lichidităţi către băncile private greceşti, suma totală ridicându-se la 51 de miliarde de euro.

BCE începe să cumpere datoria guvernamentală de pe pieţele secundare pentru a creşte încrederea investitorilor, între mai 2010 şi iunie 2011, BCE cumparând titluri de stat în valoare de 78 de miliarde de euro, din care 45 de miliarde de euro erau numai de la guvernul grec.

Dar nemulţumirile grecilor s-au amplificat pe măsură ce noi măsuri de austeritate erau impuse de Uniune.

Iniţial, în 2010, s-a dorit reducerea deficitului bugetar la 3% până în 2014 prin îngheţarea salariilor, reducerea cu 10% a bonusurilor şi plăţilor pentru timp suplimentar de lucru, reducerea cu 8% a alocaţiilor din sectorul public, reducerea cu 30% a compensaţiilor de Crăciun şi concediu. Aceste măsuri au fost urmate de alte reduceri de 12% din bonusuri şi 7% din salariile din sectorul public şi privat, creşterea TVA de la 10% la 23% pentru bunuri şi servicii şi 11% pentru alimente. S-au aplicat impozite speciale pensiilor mari, limita de vârstă pentru pensionare s-a făcut aceeaşi şi pentru bărbaţi şi pentru femei, iar vârsta de pensionare pentru angajaţii din sectorul public s-a mărit de la 61 de ani la 65 de ani.

Au urmat alte valuri de tăieri salariale, cu 8% pentru angajaţii din sectorul public, cel de-al 13-lea şi al 14-lea salariu plătit funcţionarilor publici şi angajaţilor instituţiilor de utilitate publică s-au anulat introducându-se numai o primă de vacanţă de 1000€ pe an pentru angajaţii din sectorul public care câştigau mai puţin de

3000€ pe lună. S-a stabilit o limită de 800€ pe lună pentru cea de a 13-a şi a 14-a pensie lunară dar numai pentru pensionarii care câştigau mai puţin de 2500€ pe lună. Celor cu pensii mai mari de 2500€ li s-au anulat a 13-a şi a 14-a pensie. Au crescut cu 10% taxele la bunurile de lux şi taxele pe alcool, benzina şi produse din tutun.

Cu toate eforturile făcute de guvern, cele cinci valuri succesive de măsuri de austeritate impuse nu au dus la rezultatul scontat şi Grecia este nevoită să ceară după mai puţin de doi ani, un al doilea pachet de salvare.

De data aceasta, Banca Centrală Europeană, Uniunea Europeană şi FMI, numite şi 'troika', au decis să sară în ajutor cu o altă sumă consistentă de 246 miliarde de euro punând condiţii de austeritate suplimentare. Greciei i s-a cerut să scadă datoria de la 160% din PIB la 120% din PIB până în 2020, iar băncile care deţineau titluri de stat greceşti au fost obligate să îşi asume o pierdere considerabilă.

Ar fi o naivitate să credem că aceste sume uriaşe au ajuns la greci. În realitate cea mai mare parte a sumelor a fost folosită pentru plata parţială a creditorilor, ceea ce a dus la consolidarea opiniei generale că nu Grecia a fost salvată ci băncile creditoare.

Ca fapt divers, Germania a contribuit la pachetul de salvare cu 56 de milioane de euro, dar băncile germane sunt cele mai mari investitoare în titluri de stat greceşti, deţinând titluri în valoare de peste 13 miliarde de euro.

Pe fondul nemulţumirii generale şi a unui acut sentiment că au fost trădaţi de conducătorii lor şi de liderii europeni, – în special de Angela Merkel, grecii au început mişcări de protest de amploare, degenerate deseori în violenţă. Grevele generale şi tulburările de stradă devin regula, prim-ministrul Papandreou demisionează în toamna lui 2011 şi, consecinţa normală în astfel de împrejurări, partidele de extremă stângă câştigă teren masiv în rândul grecilor, cu Syriza, – partid declarat anti-troika, în frunte.

În septembrie 2013 şomajul în Grecia ajunsese la 28%, faţă de 11% cât era media statelor din eurozonă. Cei mai afectaţi de şomaj au fost, ca întotdeauna, tinerii, iar consecinţele acelei perioade se resimt şi se vor resimţi mulţi ani de acum încolo.

În ianuarie 2015 partidul Syriza se află în prima linie politică şi câştigă alegerile, iar Alex Tsipras, liderul partidului, devine noul prim-ministru. Spre încântarea grecilor, Tsipras promite că va pune capăt anilor de austeritate şi că va renegocia pachetele de salvare. Grecii jubilează, creditorii sunt panicaţi, iar Angela Merkel este pusă în situaţia să afirme că *'Germania poate accepta ieşirea Greciei din eurozonă dacă a ales Syriza'*.

Imediata consecinţă a acestei afirmaţii a fost căderea monedei unice şi ajungerea euro aproape la paritate cu dolarul, ceea ce nu se mai întâmplase de aproape 12 ani. Mai mult decât atât, negocierile cu celelalte state ale eurozonei devin atât de dure şi de tensionate, încât în 27 iunie practic acestea se blochează, Tsipras anunţând că va supune referendumului rezultatul final al acordului propus de negociatorii Uniunii.

În 28 iunie, Tsipras decide închiderea băncilor şi impune controlul capitalului. Grecii nu au voie să scoată mai mult de 60€ pe zi iar Grecia marchează un punct critic în istoria financiară, devenind prima ţară dezvoltată care nu îşi plăteşte o rată către FMI.

Mai mult decât atât, referendumul iniţiat de Tsipras aruncă spre acordul de salvare propus de Uniune un 'nu' susţinut de 60% din voturi. Ministrul de finanţe Yanis Varoufakis demisionează imediat, toată lumea speră că se va ajunge la o înţelegere mai bună cu creditorii, dar noul ministru de finanţe, Euclid Tsakalotos, nu dă semne că ar face vreo propunere nouă care să liniştească apele şi aşa tulburi. La sfârşitul lui 2015, Grecia înregistra o datorie de 176,9%

din PIB. Mai în glumă, mai în serios, Greciei i se recomandă să vândă o parte din zecile de insule, doar-doar mai recuperează din datorii.

Adevărul, pe care se pare că nimeni nu vrea să îl admită, este că Grecia nu va plăti vreodată o astfel de datorie. În situația în care nu își achită obligațiile asumate prin împrumuturi, nu își poate plăti salariile și pensiile, probabil că ieșirea din eurozonă devine cea mai rezonabilă soluție.

Totuși, se pare că miniștrii de finanțe din eurozonă, trecând peste mârâiala de protest a Germaniei, au ajuns în octombrie 2016 la concluzia că Atena a făcut suficiente reforme structurale ca să merite să primească ultima tranșă, de 2,8 miliarde de euro din pachetul de salvare, tranșă minusculă față de ceea ce s-a acordat până acum.

Mai mult ca sigur că această noua gură de oxigen nu va duce la o creștere economică semnificativă pe termen scurt și mediu. Să nu uităm că în septembrie 2016 Tsakalotos a fost 'înfierat' de colegii din eurozonă pentru ritmul de melc cu care implementează reformele, în condițiile în care Grecia completase numai două din cele cinci-sprezece reforme cerute de Uniune.

Cu toate acestea, la începutul lui octombrie 2016, Pierre Moscovici, – comisarul European pentru afaceri economice, afirma cu toată convingerea că toate problemele restante au fost finalizate și că guvernul Tsipras a depus un efort extraordinar pentru implementarea 'reformelor dificile pentru societatea greacă'. Mesajul tradus: cel puțin pentru viitorul imediat, Grecia rămâne în eurozonă!

BREXIT

Rezultatul pe muchie de cuţit al referendumului din 23 iunie 2016, prin care populaţia regatului a trebuit să decidă dacă rămâne sau nu în Uniunea Europeană, a împărţit Marea Britanie în două. Decizia a 52% din electorat a fost ca Regatul Unit să părăseasca Uniunea, dar acest procent nu a fost uniform distribuit pe teritoriul ţării, dimpotrivă.

Cifrele înregistrate în Irlanda de Nord şi Scoţia au fost sugestive demonstrând chiar contrariul: în Scoţia numai 38% au votat Brexit, iar în Irlanda de Nord numai 44%. Ca să nu mai vorbim de Lambeth – London, unde susţinerea ieşirii din Uniune a fost de numai 21%.

Dar 'Brexit is Brexit' a zis Theresa May chiar în ziua în care a fost numită prim-ministru în locul lui David Cameron.

'Brexit is Brexit' şi, chiar dacă acum multă lume consideră că un al doilea referendum ar aduce un rezultat complet diferit, principiile legendarei democraţii britanice vor fi aplicate pentru a se îndeplini dorinţa poporului. Este bine? Este rău? Istoria ne va arata cine a avut dreptate.

Cu o populaţie de aproximativ 65 de milioane de locuitori şi o suprafaţă de 242.514 km², Regatul Unit al Marii Britanii şi Irlandei de Nord (numele oficial al ţării), este una din puterile economice şi militare la scară globală, având o influenţă considerabilă în politica, economia şi cultura mondială.

Această insulă se poate mândri că ocupă al doilea loc în lume în privinţa numărului de laureaţi ai premiului Nobel, este al cincilea mare importator al lumii, se situează pe locul cinci în privinţa cheltuielilor militare şi este unul din cei cinci membri permanenţi ai Consiliului de Securitate al Naţiunilor Unite, alături de China, Franţa, Statele Unite ale Americii şi Rusia.

La ora actuală, Regatul Unit este format din patru ţări: Anglia, Scoţia, Ţara Galilor şi Irlanda de Nord, Anglia fiind cea mai importantă, cu peste 83% din populaţia regatului şi desfăşurând cea mai mare parte din activitatea economică.

Dupa 1997, parlamentele din Irlanda de Nord, Scoţia şi Ţara Galilor au căpătat din ce în ce mai multă autoritate şi au reuşit să îşi contureze propria identitate, aşa încât în momentul de faţă guvernul britanic conduce în mod direct numai Anglia pe când celelalte trei ţări se bucură de un înalt grad de autonomie.

În septembrie 2014, Scoţia a organizat un referendum cerând populaţiei să răspundă la întrebarea 'ar trebui să fie Scoţia o ţară independentă?' 55% dintre alegători au decis ca Scoţia să rămână în Regatul Unit, pe când 45% au fost în favoarea independenţei.

În Irlanda de Nord, unioniştii (în mare parte protestanţi) doresc ca ţara să rămână în regat, pe când naţionaliştii (majoritatea romano-catolici) doresc unirea cu Republica Irlanda.

În 2011, printr-un referendum organizat în Ţara Galilor, Adunarea Naţională capătă puteri similare cu ale Parlamentului scoţian, lucru care duce la închiderea Biroului pentru Ţara Galilor, – ca fiind irelevant. La ora actuală, 40 din cei 650 de membri ai Parlamentului Regatului Unit sunt din Ţara Galilor.

În compoziţia Parlamentului britanic se găsesc reprezentanţi ai partidelor politice din Scoţia (Scottish Naţional Party), Ţara Galilor (Plaid Cymru) şi din Irlanda de Nord (Ulster Unionist Party şi Sinn Fein), aşa încât toate actele legislative se formulează ţinându-se cont de interesele tuturor părţilor, urmărindu-se respectarea identităţii culturale şi naţionale.

Cu mentalitate de mare putere imperialistă şi exerciţiul multi-secular al puterii, independenţei şi deciziei necontestate, a fost din ce în ce mai greu pentru britanici să accepte apartenenţa la o organizaţie care, în esenţă, însemna să te supui în ţara ta unor reguli şi legi stabilite de alte ţări în altă parte.

Desi Regatul Unit are 12,3% din populaţia Uniunii, staff-ul britanic angajat la Comisia Europeană , – organismul care propune şi monitorizează legile europene, ajungea în 2015 la numai 4,3% în comparaţie cu numărul celor din Franţa (9,7%) sau din Germania (8,3%).

Capacitatea Marii Britanii de a influenţa deciziile la nivelul insti-tuţiilor europene a scăzut în timp din ce în ce mai mult, puterea votului britanic în Consiliul European scăzând, în special după marele val al extinderii din 2004, de la 17,2% la 8,4% iar cea a votului în Parlamentul European scăzând de la 19,2% la 9,7%.

Este adevărat că apartenenţa la Uniunea Europeană îi dă Marii Britanii posibilitatea de a deveni mai competitivă dar şi de a-şi atinge ţintele de politică externă folosindu-se de puterea Uniunii ca ansamblu al celor 28 de state membre. Are un cuvânt greu de spus în negocierea tratatelor comerciale dar şi în stabilirea priorităţilor şi a sumelor acordate programelor de întrajutorare şi de răspuns la crize sau dezastre naturale. Pe de altă parte, şi Uniunea Europeană are nevoie de un stat membru de talia Regatului Unit, crescându-şi în acest fel puterea, competenţele şi, nu în ultimul rând, bugetul.

Susţinătorii 'exit'-ului afirmă însă, şi nu fără temei, că Regatul Unit, deşi si-a pierdut locul de la masa Organizaţiei Mondiale a Comerţului în favoarea Uniunii, este un membru cheie în G8, G20 şi NATO. Toate acestea plus legaturile sale puternice din Commonwealth o pot ajuta să dezvolte noi şi solide relaţii globale, fără a fi nevoie de 'ştampila Bruxelles-ului'. Dar această voce puternică nu este oare amplificată în momentul de faţă şi la apartenenţa la Uniunea Europeană???

Potrivit celui mai recent recensamânt, 95% din populaţia Scotiei şi Ţării Galilor şi 99% din populaţia Irlandei de Nord se consideră 'alb britanic', aşadar am putea spune că dezbaterea privind diversitatea etnică, imigraţia şi identitatea naţională se aplică de fapt doar Angliei, unde numai 85% din populaţie se declară 'alb britanic'.

Dupa ultimele două valuri importante de extindere, respectiv cel din 2004 şi cel din 2007, imigraţia a devenit cel mai important motiv de îngrijorare, pus în mod repetat pe agenda zilei în toate dezbaterile publice şi, din 2015, readus cu obstinaţie în discuţie în toate campaniile partidelor naţionaliste, cu preponderenţă în campaniile UKIP. Ca fapt divers, Nigel Farage, – preşedintele UKIP, este şi europarlamentar şi a recunoscut public, în repetate rânduri, că misiunea sa la Parlamentul European este să scoată Marea Britanie din Uniune. Se pare că i-a reuşit.

Potrivit raportului dat publicităţii în august 2013 de Oficiul Naţional de Statistică, în Marea Britanie trăiesc 8,28 milioane de persoane născute în străinătate, din care 3,03 sunt născuţi în state membre ale Uniunii Europene. Dintre aceştia, peste 850.000 sunt polonezi. Este adevărat că peste 2,2 milioane de britanici locuiesc în alte state ale Uniunii, doar în Spania fiind stabiliţi peste un milion.

Odată cu izbucnirea războiului din Siria, mii şi mii de ore în programele televiziunilor şi mii şi mii de pagini ale ziarelor din Uniune au fost pline cu date legate de tragediile trăite de imigranţi (peste 800 au murit înecaţi în Marea Mediterană în 2015, încercând să fugă din calea războiului) sau cu pericolele reprezentate de numărul uriaş de persoane care bat la porţile Uniunii cerând să fie primite.

Odată cu decizia Cancelarului Merkel de a deschide graniţele dinspre Ungaria şi de a permite tuturor sirienilor care reuşesc să ajungă în Germania să şi rămână în această ţară, europenii au asistat la invazia unui val fără precedent de oameni cărora cu greu le puteai verifica identitatea. În mai puţin de şase săptămâni, în septembrie-octombrie 2015, au sosit în Germania aproape o jumătate de milion de sirieni.

Schengen s-a dovedit fragil, Germania a fost nevoită să pună control temporar la frontierele interne, iar tensiunile pe acest subiect dintre statele membre şi Germania s-au amplificat. Taberele de refugiaţi de la graniţele externe ale Uniunii au devenit tot mai mari şi mai greu de gestionat, fiind comparate tot mai frecvent cu o junglă sordidă.

Copleşită de fluxul de imigranţi de necontrolat, Angela Merkel a început să facă presiuni ca toate statele membre să preia o anumită parte a acestora, propunere respinsă categoric de Ungaria şi Slovacia. Dar votul le-a obligat să se alinieze, spre marea lor nemulţumire. Tot atunci, Nigel Farage – liderul UKIP, nu a ratat ocazia de a o întreba pe Angela Merkel *'cu ce drept aţi spus întregii lumi: vă rog să veniţi în Europa'? - am văzut că 80% dintre imigranţi nu sunt sirieni ci tineri bărbaţi migranţi economici, mulţi dintre ei comportându-se într-o manieră agresivă, exact opusul a ceea ce te-ai aştepta să vezi de la un refugiat'.*

Regatul Unit, care încă din 1997 optase să nu se alinieze la legea europeană privind azilul şi imigraţia, şi-a exercitat dreptul de a rămâne în afara schemei cotelor, dar, din păcate, majoritatea statelor semnatare ale regulamentului Dublin, în loc să respecte acest regulament obligând pe imigranţi să se întoarcă în statul membru în care au intrat pentru prima dată (cu preponderenţă Grecia sau

Italia), au considerat convenabil să îi lase să treacă mai departe spre țintele preferate: Germania, Franța și Marea Britanie.

Acest scop al recâștigării controlului asupra granițelor pentru a gestiona mai bine imigrația, a fost una din lozincile cheie ale celor care au făcut campanie pro-Brexit.

Desigur că problema imigrației este o problema importantă și abilitatea instituțiilor europene de a o gestiona s-a dovedit șubredă și aici, dar, pentru Regatul Unit acest lucru nu ar fi trebuit să fie suficient pentru decizia luată la referendum.

Marea Britanie atrage anual peste 70 de miliarde de euro din investițiile străine directe, cea mai mare valoare pentru Europa și a noua ca valoare în lume, potrivit Raportului Investițiilor Mondiale publicat de ONU. Mai mult de jumătate din aceste investiții vin din celelalte state membre ale Uniunii tocmai pentru că sunt facilitățile oferite de piața unică. Pe de altă parte, apartenența la Uniunea Europeană, încurajează investitorii din Australia, Noua Zeelandă, Canada sau Statele Unite ale Americii să vină în Marea Britanie, pentru ei fiind poarta de intrare către o piață de peste 500 de milioane de consumatori.

Japonezii nu au făcut niciun secret din decizia lor de a prefera alte state din Uniune pentru producția de automobile dacă Regatul Unit decide să plece, lucru repetat și de conducătorii BMW, – marele producător german. Acest lucru nu este de neglijat mai ales dacă ținem cont că numai fabrica de Mini Coopers (BMW) din Oxford trimite anual la export peste 150000 de mașini.

Într-o scrisoare trimisă de guvernul Japoniei către 10 Downing Street, se arată că '*peste 1500 de companii japoneze au investit în Marea Britanie pe baza apartenenței la UE și au creat peste 150000 de locuri de muncă, – mai mult decât oriunde în altă parte în Europa. Acest lucru arată interesul investitorilor japonezi față de Marea Britanie ca poartă de intrare spre piața europeană.*

Guvernul Japoniei se asteaptă ca UK să îşi menţină acest rol favorabil'.

Bentley, Jaguar Land Rover, Nissan, Rolls-Royce, Honda, Siemens, Hitachi Rail Europe dar şi importanţi jucători din City, – centru financiar mondial, au anunţat public că îşi pun serios problema plecării din Regat în cazul în care Brexit se finalizează.

Părăsirea Uniunii de către Marea Britanie are consecinţe economice atât de dezastruoase încât s-ar putea ca Theresa May să amâne la nesfârşit activarea Articolului 50. Să nu uităm că în Regatul Unit vor fi alegeri generale în 2020, teoretic la un an după ieşire. Ce politician îşi doreste să piardă voturi, ţinând cont că mai mult de un milion de alegători trăiesc în Uniunea Europeană şi cu siguranţă vor vota împotriva oricărui guvern care le periclitează statutul de rezident?

Uniunea Europeană nu va accepta niciodată ca Marea Britanie să beneficieze de accesul la piaţa unică având în acelaşi timp control total asupra garniţelor şi blocând libera circulaţie a persoanelor, pentru că, instantaneu, toate statele Uniunii vor dori să facă la fel.

Nu în ultimul rând, trebuie să reţinem că ***invocarea Articolului 50 este reversibilă***, – adică Regatul Unit poate activa această cerere şi să o retragă oricând înainte ca Brexit să aibă loc, dacă ţara îşi doreşte acest lucru.

Şi să nu uitam că deja Scoţia şi Irlanda de Nord, ambele anti-Brexit, au repus pe tapet din ce in ce mai vocal problema independenţei, respectiv a unirii cu Republica Irlanda, posibilitatea organizării unui nou referendum pe acest subiect fiind din ce in ce mai bine conturată.

Se va ajunge la ruptură? Işi permite Regatul aşa ceva? Dar Uniunea Europeană îşi permite să se ajungă la crearea de precedente periculoase? Cine ar putea bănui care ar fi consecinţele unor astfel de schimbări pe harta politica a lumii?

LOBBY LA BRUXELLES

Dacă Washingtonul este leagănul lobby-ului mondial, celebra K-street găzduind mii de birouri ale firmelor specializate în acest domeniu, Bruxelles, cu siguranţă îi face competiţie şi este leagănul lobby-ului european.

În octombrie 2016, la Bruxelles erau înregistrate oficial 10234 de organizaţii în Registrul Transparenţei, din care peste 5000 lobbyişti angajaţi ca atare, dar se pare că sunt mai mult de 15000 de firme de lobby active, şi peste 100000 de specialişti preocupaţi de ceea ce se întâmplă la Bruxelles.

Lobby-ul, – industria influenţării, se evaluează la peste 15 miliarde de euro la nivel global şi cu siguranţă că această sumă va creşte în timp.

Data sa de naştere este revendicată atât de americani cât şi de britanici, englezii spunând că termenul a apărut după numele holului Palatului Parlamentului – Palace of Westminster Lobby, hol în care oameni de rând se întâlneau cu politicieni şi îşi puteau expune, informal, punctele de vedere, comentariile sau chiar necazurile.

Americanii susţin că termenul a fost lansat de preşedintele Ulysses Grant la începutul secolului XIX. Preşedintelui îi plăcea să petreacă mult timp pe holurile hotelului Willard din Washington DC, unde oamenii îl puteau opri ca să îi prezinte diverse probleme.

Din punctul meu de vedere, lobby-ul ca activitate a apărut din clipa în care au apărut politicienii, – întrucât până și senatorii romani erau influențați acum două mii de ani de cei din jurul lor, dar termenul ca atare este clar anglo-saxon.

Potrivit UK Public Affairs Council, Lobby înseamnă capacitatea profesională de a influența sau de a-i consilia pe cei care doresc să influențeze Guvernul, Parlamentul, administrațiile, guvernele regionale sau locale sau alte organisme publice în orice problemă ce intră în sfera lor de competență.

Să nu confundăm *lobby* cu *advocacy*, cea din urma însemnând un proces politic făcut de un individ sau un grup mare în scopul de a influența politicile publice sau deciziile de alocare a resurselor din instituțiile și sistemele sociale, politice și economice (campanii media, public speaking, studii și sondaje).

Activitatea de lobby este legală, bine reglementată în toate statele dezvoltate și chiar foarte profitabilă. Din păcate, deseori se confundă cu 'traficul de influență', activitate ilegală și cu iz penal.

Specialiștii în lobby sunt persoane angajate direct sau prin intermediul unei firme pentru servicii care include stabilirea mai multor 'contacte de lobby' în numele unui client. Munca acestora constă în principal în influențarea sau consilierea celor care doresc să influențeze organisme guvernamentale.

Ca fapt divers, peste 1000 de foști angajați de la Casa Albă au fost înregistrați oficial ca lobby-iști în ultimii 10 ani.

La nivel european se consideră că peste 75% din legislația Uniunii este făcută de lobby-iști, barul Mickey Mouse din incinta Parlamentului European fiind o adevărată 'sală de ședințe' pentru aceștia, locul perfect pentru prezentarea de sugestii pentru amendamente şi chiar documente privind luări de poziţie în privinţa unor decizii.

Lobby poate fi făcut de structuri private, publice sau non-guvernamentale, la nivelul Uniunii Europene acceptându-se faptul că prin lobby se obţin informaţii şi se fac schimburi de experienţă în numeroase domenii economice, sociale, de mediu sau ştiinţifice. Toate marile corporaţii din lume fac lobby, având buget special alocat acestei activităţi, dar şi guvernele, organizaţiile neguvernamentale, bisericile, universităţile sau asociaţiile profesionale.

Nu este greu de observat că majoritatea firmelor de lobby se concentrează la Bruxelles pe o suprafaţă de mai puţin de 4 km² între Avenue des Arts şi Parc du Cinquantenaire, în jurul 'centrelor de interes': Parlamentul European, Comisia Europeană, sau Consilium. – Quartier Léopold fiind un adevărat stup zumzăitor al experţilor, consultanţilor de public affairs, organizaţiilor neguvernamentale, organizaţiilor politice sau profesionale. Iar dacă vreţi să îi vedeţi la lucru, este suficient ca la ora prinzului să mergeţi într-una din cafenelele sau într-unul din restaurantele din PLUX (Place de Luxemburg) sau din jurul staţiei de metrou Schuman şi plonjaţi direct în miezul lobbycraţiei.

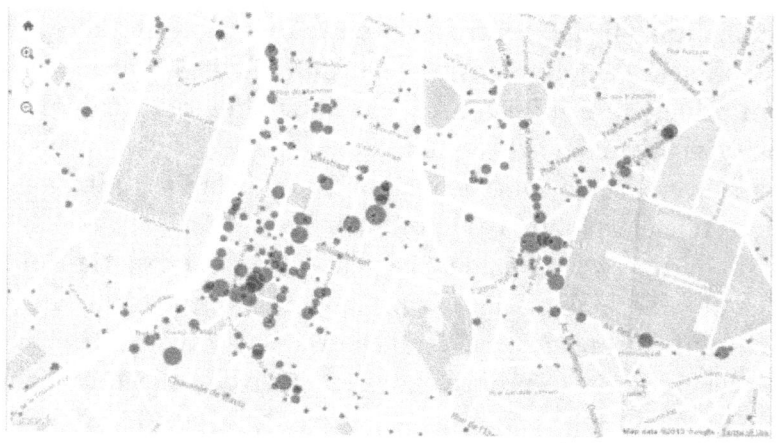

www.internalvoices.org – harta firmelor de lobby la Bruxelles

Este interesant că mai mult de 40% din cele 50 cele mai mari companii europene lipsesc din registrul Uniunii, – Vodafone, EON sau Nestle nedeclarând nicio cheltuială de lobby. 13 din 21 de mari companii europene care au semnat atât în registrele Uniunii cât şi în Statele Unite declară un buget de lobby mai mare în SUA decât în UE, şi, fapt ciudat, – mai ales pentru companiile de petrol şi gaze, cu cât o companie este mai mare, cu atât pare să cheltuiască mai puţin pentru lobby.

La nivelul Parlamentului European, Chestorii sunt responsabili cu emiterea permiselor individuale, valabile maximum un an, pentru cei care doresc să aibă acces la europarlamentari. Numele titularilor de permise sunt păstrate de Chestori într-un registru public, registru ce poate fi consultat pe pagina web a Parlamentului. Semestrial, cei înregistraţi oficial pentru această activitate, trebuie să dea informaţii legate de chestiunile pentru care fac lobby, inclusiv propuneri legislative sau reglementări, precum şi care sunt agenţiile contactate şi numele firmelor de lobby angajate de client.

Principalele industrii care fac lobby la Bruxelles, aşa cum rezultă din Registrul Transparenţei şi sumele declarate de acestea pentru lobby sunt mai jos (datele sunt valabile pentru 2014):

Philip Morris Internaţional Inc............................... 5mil-5,25 mil €

ExxonMobil Petroleum&Chemical .... 4,75mil-5 mil €

Microsoft Corporaţion ....4,5mil-4,75mil €

Shell Companies ....4,5mil-4,749mil€

Deutsche Bank...3,969 mil€

Dow Europe Gmbh ....3,75mil-3,99mil €

Google...3,5mil-3.75 mil €

Oricum, datele din Registrul Transparenței sunt destul de aproximative, întrucât rămâne la latitudinea unei firme dacă își declară sau nu activitatea aceasta sau dacă declară sau nu în mod real bugetul alocat acestei activități.

Așa cum spuneam, nu toată lumea este foarte fericită să își declare transparent activitatea când este vorba de lobby. Între ianuarie 2011 și februarie 2012 peste 60% din întâlnirile lui Ollie Rehn, – comisarul european pentru afaceri economice, au fost cu firme de lobby neînregistrate. În aceeași perioadă, Ollie Rehn s-a întâlnit de trei ori cu reprezentanții Goldman Sachs.

Mai recent, Jose Manuel Barrosso, fostul președinte al Comisiei Europene în perioada 2004-2014, a decis să se angajeze la Goldman Sachs, – instituție financiară americană care a avut un rol pivotal în enorma criză financiară din 2008. Decizia lui Barrosso de a se angaja ca președinte la Goldman Sachs Internațional, care gestionează operațiunile băncii în Marea Britanie și în Uniunea Europeană, l-a determinat pe actualul președinte al Comisiei, Jean-Claude Juncker să convoace Consiliul de Etică pentru a investiga în ce mod au fost încălcate legile Uniunii prin acceptarea de către Barrosso a acestui post. Mai mult de 145000 de persoane chiar au semnat o petiție prin care solicită retragerea pensiei la care are dreptul Barrosso în calitate de fost președinte al Comsiei, întrucât acesta a știrbit reputația Uniunii Europene.

Există și așa-numitul lobby-diplomatic, făcut de statele membre la Bruxelles. Marile ambasade fac tot posibilul să fie în contact permanent cu delegațiile naționale din Parlamentul European. De exemplu, europarlamentarii francezi primesc în mod curent de la Paris note detaliate de la Secretariatul General pentru Afaceri Europene, – organism interguvernamental, un ministru al Afacerilor Europene acționând ca un corespondent oficial al Parlamentului

European. Explicaţia furnizată este că europarlamentarilor nu li se dau indicaţii despre cum să voteze ci li se explică textele care vor fi votate şi ce consecinţe vor avea noile reglementări asupra intereselor franceze.

Desigur că există din ce în ce mai multe iniţiative menite să aducă transparenţă în privinţa procesului decizional de la nivelul Uniunii Europene. Recent a apărut proiectul *LobbyPlag* care are ca obiectiv urmărirea legislaţiei privind protecţia datelor în Parlamentul European. Rezultatul a fost că membrii grupului au identificat un număr de europarlamentari care, pentru schimbările propuse, au făcut pur şi simplu copy-paste din materialele puse la dispoziţie de Amazon, eBay sau Camera Americană de Comerţ.

Reţeta succesului în activitatea de lobby este aparent simplă: deschizi un birou la Bruxelles, te afiliezi unui grup de experţi (de preferinţă un grup puternic şi bine consolidat solicitat frecvent de Comisie), te imprieteneşti cu un înalt oficial european şi la terminarea mandatului său îi oferi un *safety-net* angajându-l în firma ta, angajezi un *think-tank* să îţi promoveze proiectele şi o firmă de avocatură să îţi schiţeze amendamentele, apoi începi să te împrieteneşti şi cu diverşi europarlamentari şi cu asistenţii acestora. Pare la îndemâna oricui, dar când ne gândim ce eforturi financiare fabuloase se fac pentru această activitate se pare că lucrurile nu sunt chiar atât de simple.

Departamentul pentru piaţa internă şi servicii este bine cunoscut pentru relaţiile strânse pe care le are cu lumea afacerilor, de ani de zile reprezentanţii sectorului financiar fiind nişte obişnuiţi ai casei pe coridoarele din Rue de Spa nr 2, – sediul DG Markt, iar DG Trade (Directoratul General pentru Comerţ) nu a fost scutit de scandaluri când comisarul Peter Mandelson a fost acuzat că şi-a favorizat prietenii ridicând tarifele de import pentru o companie de aluminiu deținută de un oligarh rus.

Cele mai importante grupuri de lobby în Bruxelles sunt SEAP (Society of European Affairs Professionals), EPACA (European Public Affairs Consultancies' Association) și ECPA (European Center for Public Affairs).

Desigur că 'alegerea țintei' în activitatea de lobby depinde de problema pe care o aveți de rezolvat, de procedură și nu în ultimul rând, de timpul în care trebuie rezolvată această problema, alături de mulți alți factori. Orice schiță de act legislativ începe cu o coală goală de hirtie A4, – hard copy sau pe ecran, iar de aici până la umplerea ei și obținerea semnăturii finale se poate întâmpla orice.

Cum este de așteptat, ținta primară a celor care fac lobby la Bruxelles este Comisia Europeană, sursa tuturor (sau aproape tuturor) actelor legislative și politicilor din Uniune.

Nu este un secret că personajele cheie se află în interiorul Comisiei, mai ales la nivelul experților. Pentru orice DG (Directorat General) există un responsabil de dosar, există manageri și asistenți, ca să nu mai vorbim de angajații altor DG și servicii, sau angajații de la Cabinete și Colegiu, care pot interveni pe parcursul completării colii. De exemplu, pentru o problema legată de producția de alimente, un grup de lobby va trebui să studieze, în afara de DG AGRI, și DG SANCO, DG MARKT, DG TRADE și DG ENVI. Acest grup va descoperi că în interiorul Comisiei sunt interese divergente, susținute de grupuri puternice, și nu în ultimul rând, interese divergente susținute de statele membre.

La nivelul Consiliului, personajele cheie se află în COREPER sau în unele comitete speciale, din nou în funcție de dosar. Toate aceste personaje sunt numite de guvernele naţionale, deci intrăm în alt hăţiş de interese.

Ca să nu mai vorbim că până şi la nivelul Curţii Europene de Justiţie putem găsi avocaţi generali care să înţeleagă problema noastră dacă ajungem cu ea la Curte.

Iar dacă numărul personajelor cheie pare impresionant, el nu reprezintă nimic în comparaţie cu numărul factorilor care pot influenţa conţinutul colii A4.

Da, este adevărat că Europa este diversă şi acest lucru reprezintă o bogăţie în sine, dar reprezintă şi o enormă problemă când este vorba să se ia decizii la nivelul Uniunii. Nu există concepte şi valori care să aibă acelaşi înţeles şi să fie acceptate de toată lumea, iar acest lucru a constituit adevărata poartă de aur spre paradisul lobby-iştilor.

Ca exemplu, în 1999 s-a ajuns la concluzia că nu există o definiţie a ciocolatei, definiţie care să însemne acelaşi lucru şi să fie acceptată de toată lumea. Lucrul acesta a fost folosit de unii producători de ciocolată pentru a bloca accesul concurenţei pe pieţele lor tradiţionale. Industria belgiană s-a poziţionat ca unic producător de ciocolată adevărată, făcând lobby intens mai ales legat de concentraţia obligatorie de cacao pură pe care trebuie să o conţină un produs ca să fie numit 'ciocolată'. Au obţinut rezultatul scontat prin eforturi materiale şi umane uriaşe, care s-au risipit în bătaia vântului odată cu intrarea în vigoare a pieţei deschise şi a liberei circulaţii a marfurilor.

Până la urmă şi această volatilitate a problemelor momentului este specifică activităţii de lobby. Oricând un act legislativ poate duce la schimbări majore de interese şi priorităţi, iar marea artă a acestei industrii a influenţării este să fii permanent informat şi conectat la realităţile Uniunii şi nu numai.

MASS MEDIA LA BRUXELLES

Înainte de a vedea dacă mass-media este o potenţială reţea de informaţii utile despre Uniunea Europeană, ar trebui să ne întrebăm dacă mass-media ne informează complet şi corect despre ceea ce se întâmplă în Uniune.

Fără a cunoaşte noţiuni elementare despre Uniunea Europeană şi instituţiile sale, jurnaliştii care scriu sau vorbesc despre acest subiect fac mai degrabă rău decât bine, răspândind bârfe şi mituri, comentând subiecte banale, în loc să intre în profunzimea lucrurilor. Este adevărat că ei, ca şi redacţiile care îi trimit la Bruxelles, trebuie să supravieţuiască, iar calea cea mai simplă de supravieţuire este să te concentrezi pe subiecte facile şi atrăgătoare, despre multiplele căsătorii sau parteneriate ale preşedintelui Hollande sau gafa lui Sarkozy când a cuprins-o pe după umeri pe regina Angliei. Au acestea legătură cu ceea ce 'fierbe' cu adevărat la Bruxelles? Puţin probabil.

Replica permanentă este că subiectele de pe agenda europeană sunt seci, nu fac audienţă şi, oricum, este treaba societăţilor publice de radio şi televiziune sau a agenţiilor de ştiri să le acopere.

Chiar aşa???

Dacă într-o ţară obişnuită presa este a patra putere, la nivelul Uniunii Europene puţine canale media se pot lăuda cu acest lucru.

Cât de bine este promovată în presă ideea de Europă Unită, cu toate avantajele sale?

Ce înseamnă cultura europeană şi cât de implicată este mass-media în ea? De ce nu putem avea mass-media consolidată la nivelul Uniunii Europene? E problema de comunicare? De limbă? De mentalităţi?

Bruxelles este un centru enorm de concentrare a canalelor de comunicare în masă, dar sunt ele eficiente?

Ziariştii de la AP, Reuters, Euronews, Financial Times, BBC, Radio France, Frankfurter Allgemeine Zeitung, Wall-Street Journal, Daily Telegraph, Les Echos, Politico, Corriere della Sera, plus corespondenţii altor ziare, televiziuni şi radiouri naţionale formează un tablou superb în timpul reuniunilor la nivel înalt ale şefilor de stat şi de guvern, când în holul central al clădirii Justus Lipsius se instalează peste o mie de măsuţe cu laptopuri pentru ca ei să poata acoperi cât mai bine evenimentul. Dar asta este tot?

Probabil că principala problemă a jurnaliştilor prezenţi la Bruxelles este să înţeleagă, ca apoi să poată explica publicului lor, efectul pe care Comisia Europeană, Parlamentul European şi Consiliul îl au asupra vieţilor tuturor, – ce politici se discută, ce anume se aprobă, ce relaţie au cele trei instituţii cu guvernele naţionale, ce asistenţă pot oferi statelor membre, ce puteri au şi ce puteri îşi doresc să aibă.

Criza eurozonei a reprezentat un moment de cotitură pentru presa din Uniunea Europeană, concentrată până atunci mai mult pe problemele naţionale. Editorii, producătorii, corespondenţii considerau că 'acoperirea problematicii europene' este un subiect plictisitor, fără importanţă şi greu de digerat. Chiar şi după izbucnirea crizei, problematica europeană a fost tratată tot disparat, suferind mai ales de lipsa de înţelegere a mecanismelor de funcţionare din discuţie şi, nu în ultimul rând, de lipsa resurselor de toate felurile: oameni, bani, timp, de a acoperi în profunzime problemele şi nu de a furniza o schiţă palidă a agendei europene.

Pe de altă parte, te poți scufunda foarte ușor în oceanul de informații produs de Uniunea Europeană. Toate directoratele, comisiile, agențiile, comitetele și asociațiile, în numele transparenței publică mii și mii de pagini, hard copy sau electronic, în legătură cu orice, material gata mestecat, bun de copy-paste pentru un naiv sau un novice: interviuri cu comisari, comentarii făcute de think-tanks, statistici, descrieri, ghiduri, analize, totul ambalat și gata de consum. Trebuie fie să ai o viteză supersonică atunci când cauți informația dorită, fie să știi exact unde să o cauți ca să obții ceea ce dorești la nivelul de detaliu pe care îl dorești.

Și dacă birourile marilor agenții de presă își fac treaba relatând cât mai exact și complet evenimentele, problema de fond rămâne în continuare la publicul larg care, adevărul fie spus, nu prea este interesat nici de instituțiile europene și nici de politica europeană decât în momente de criză. Mai mult decât atât, momentele de criză, în loc să mobilizeze publicul larg pentru găsirea unor situații și posibilități de cooperare, par că mai mult întărâtă oamenii și îi îndeamnă spre exacerbarea comportamentelor agresiv-naționaliste.

Tot ceea ce ar fi interesant de acoperit se întâmplă în spatele ușilor închise, – de exemplu întâlnirile șefilor de stat și de guvern sau negocierile Consiliului sunt complet opace și, oricum, discuțiile cu adevarat importante se fac cu mult timp înainte de a ajunge la presă. În afara banalelor fotografii de grup cu zâmbetele comerciale de rigoare, și a declarațiilor de presă comune sau individuale, nu prea poți să te apropii de adevarații decidenți.

Chiar dacă este vorba de o decizie care ne afectează viața de zi cu zi a tuturor, într-un mod pozitiv sau negativ, informațiile sunt furnizate pas cu pas într-un interval de timp atât de lung încât pot trece ani până când măsura să aibă efect. Și atunci unde este știrea?

Politicienii Uniunii, cu excepția unui număr foarte mic, nu sunt figuri prea interesante sau picante, discursurile lor nu sunt, în general, suculente, iar procesele decizionale sunt incredibil de lungi,

Comisia Europeană având titlul de campion absolut în acest sens. Ca să nu mai vorbim de subiectele propriu-zise, foarte searbede şi fără sex-appeal pentru publicul larg.

Toate aceste argumente au dus la un rezultat şi mai periculos: numărul corespondenţilor de presă din Bruxelles a scăzut dramatic în ultimii ani, majoritatea comentariilor fiind făcute 'de acasa' sau din alte capitale, Paris, Londra, Berlin, evident, cu nuanţările de rigoare. Ştirile privind activitatea instituţiilor europene au rămas mai mult pe mâna colaboratorilor, sursă mult mai ieftină, mai comodă, şi mai uşor de folosit în locul corespondenţilor profesionişti. Partea şi mai proastă este că exact ţările cel mai tare afectate de criză, şi care ar fi avut nevoie ca de aer de analize pertinente ale problemelor, din raţiuni de economie nu şi-au mai putut permite păstrarea corespondenţilor.

Presa naţională ar putea prelua totuşi informaţiile de la Bruxelles şi le-ar putea transmite mai departe publicului larg. Din păcate, ziarele care ar putea influenţa serios publicul larg din două dintre cele mai puternice state ale Uniunii sunt foarte critice la adresa instituţiilor europene, fiind în mod frecvent acuzate atât de Comisie cât şi de colegii din presă de distorsionarea adevarului. Este vorba în special de Daily Mail şi Sun din Marea Britanie şi Bild din Germania. De altfel se şi vehiculează ideea că rezultatul referendumului privind Brexit a fost în mare masură opera tabloidelor Daily Mail si Sun, care şi-au intoxicat cititorii, -preponderent brexiteers, cu informaţii trunchiate şi comentarii anti-Uniune.

Cum este de aşteptat, presa din Bruxelles tratează problematica europeană în general dintr-o singură perspectivă: în ce măsură decizia x sau y, sau regulamentul z va avea impact asupra francezului, neamţului, polonezului sau spaniolului, în funcţie de ţara de origine a jurnalistului respectiv. Singura excepţie de la această regulă o fac agenţiile transnaţionale: Reuters, Bloomberg, AFP sau AP sau publicaţiile globale ca Financial Times, The Economist sau Wall Street Journal şi televiziunile BBC sau CNN. Toţi aceştia îşi respectă misiunea de a transmite ştiri ca atare, fără concentrare pe problemele naţionale.

Este adevărat însă că instituţiile europene oferă servicii de informare complexe profesioniştilor media, în sensul materialului de bază, cel mai important serviciu în acest sens fiind Europe by Satellite (EbS), − Serviciul TV de informaţii al Uniunii Europene. Atât Parlamentul şi Comisia, cât şi Consiliul, au câte un serviciu audio-vizual foarte bine pus la punct, Parlamentul mai ales oferind facilităţi complexe jurnaliştilor, inclusiv studiouri, echipe de filmare sau echipament. În punctul central al complexului de clădiri ale Parlamentului European, la etajul trei, se află şi faimoasa Vox Box, un mic studio audio-vizual unde europarlamentarii se pot opri acordând pe loc interviuri scurte sau participă la discuţii într-un panel mic. Înregistrările sunt apoi date şi europarlamentarului respectiv, care le poate încărca pe site-ul sau, le poate trimite pe email alegătorilor din circumscripţia sa electorală sau le poate posta pe YouTube, după bunul plac.

Nu în ultimul rând trebuie să reţinem că, în materie de informare, în subsolul clădirii Justus Lipsius, − sediul Consiliului European, se află o arhivă impresionantă cu toate documentele care au făcut istoria Uniunii, fotografii şi materiale înregistrate de o valoare extraordinară.

EbS a fost lansat în 1995 şi programele sale conţin un mix de evenimente redate live, ştiri şi informaţii despre politicile Uniunii Europene. Echipele EbS furnizează informaţii despre activitatea Comisiei Europene, a Parlamentului European, Consiliului, Băncii Centrale Europene şi a altor instituţii, precum şi transmiterea live a conferinţelor de presă şi a sesiunilor plenare ale Parlamentului şi Consiliilor.

Este adevărat că este foarte dificil să urmăreşti transmisia live a lucrărilor şedinţelor plenare ale Parlamentului European înţelegând în acelaşi timp ce se întâmplă, întrucât volumul uriaş al chestiunilor care trebuie votate anulează orice posibilitate de a citi pe îndelete textul în cauză, singurul indice al importanţei problemei respective fiind reacţia europarlamentarilor şi zgomotul de background. Aşa îţi poţi da seama dacă un amendament deosebit de important sau cu mare încarcatură politică este pe cale de a fi votat. Oricum, dacă ai răbdare, în câteva ore găseşti textul amendamentului consolidat prezentat în toate cele 23 de limbi folosite oficial.

EbS transmite cu semnal necriptat aşa încât poate fi recepţionat pe orice tip de echipament şi poate fi văzut în Europa, nordul Africii şi Orientul Mijlociu.

Date complete despre serviciile oferite de EbS pot fi găsite la: *http://ec.europa.eu/avservices/about/index.cfm?sitelang=en*

Potrivit repetatelor afirmaţii făcute de Comisia Europeană, există preocupări permanente la nivelul acestei instituţii de a susţine sectorul media şi industriile generatoare de cultură sau creaţie. Aceste preocupări au dus la stabilirea de programe prin care să se poată asigura finanţarea acestor sectoare noi şi într-o permanentă schimbare, una dintre iniţiative fiind Creative Europe, prin care se promovează cooperarea internaţională în domeniu.

Dată fiind importanţa Bruxelles-ului şi a instituţiilor pe care le găzduieşte, ca şi interesul mass media pentru aceste instituţii, în iulie 2000, guvernul federal Belgian a decis să creeze un Centru Internaţional al Presei în capitală Uniunii. Un an mai târziu, în timpul Preşedinţiei belgiene a Consiliului, acest centru se inaugurează la Residence Palace pe Rue de la Loi, care a devenit în acest fel locul de întalnire al jurnaliştilor, decidenţilor de politici, purtătorilor de cuvânt şi experţilor în comunicare din toate statele membre. Centrul este un serviciu extern independent oferit de Directoratul General pentru Comunicare Externă şi se află sub autoritatea prim-ministrului Belgiei.

Centrul Internaţional de Presă se doreşte a fi un forum permanent care să permită instituţiilor internaţionale, – în special celor europene, dar şi autorităţilor belgiene să informeze presa straină în legatură cu politicile lor şi cu modul lor de funcţionare, un centru profesional care să furnizeze servicii presei din Belgia şi presei străine, dar şi un centru care să furnizeze facilităţi şi să integreze alte activităţi de presă, cum ar fi conferinţe sau seminarii.

IPC este deschis non-stop, tocmai pentru a facilita munca jurnaliştilor, punând la dispoziţia acestora serviciile unei camere a ştirilor care poate găzdui până la 20 de persoane, copiatoare şi legătura gratuită la internet. Jurnaliştii aflaţi în Centru pot urmări transmisia live a conferinţelor de presă ţinute în Polak Room (cea mai mare sală de conferinţă din Residence Palace) sau pot folosi calculatoarele şi imprimantele puse la dispoziţie de IPC. Tot aici se află şi patru studiouri de radio care transmit în direct evenimentele de la Residence Palace şi un serviciu de televiziune.

Centrul Internaţional de Presa găzduieşte şi diferite asociaţii de presă naţională şi străină, cum ar fi Federaţia Internaţională a Asociaţiilor de Jurnalişti, sau Asociaţia Belgiană a Jurnaliştilor Profesionişti, dar şi birourile unor prestigioase instituţii media, ca Radio France Internaţional.

PUȚINĂ BRUXELLEZĂ

Bruxelleza este o limba pe care este bine să o stapânești dacă te încumeți să intri în Labirintul Uniunii. Este o limbă cu ajutorul căreia îți poți clarifica noțiuni, poți căpăta îndrumări sau poți tu lămuri pe alții. Se deprinde relativ ușor dacă ești chiar în miezul problemelor la Bruxelles, pentru că, vrând-nevrând trebuie să o înveți.

Cred ca este bine să aveți cele mai frecvent folosite cuvinte cu explicația de rigoare. Unele noțiuni sunt în engleză sau în franceză pentru că așa au intrat în vocabularul curent al celor angajați în instituțiile europene:

Acord de asociere: acorduri de parteneriat încheiate cu țări care s-ar putea să adere la Uniunea Europeană la un moment dat. În cele mai multe cazuri se referă la libertatea schimburilor comerciale și arată legături politice mai strânse.

Acquis communautaire: toată colecția de legi europene este cunoscută sub acest nume. Adică toate tratatele, regulamentele și directivele, ca și deciziile Curții Europene. Statele candidate trebuie să își reformeze legislația națională așa încât să se alinieze la 'acquis' înainte de a Adera la Uniune.

Anti-trust: Uniunea interzice acorduri care restricționează competiția, cum ar fi carteluri de companii care stabilesc prețuri mari. Reglementările în acest sens fac parte din legislația anti-trust.

Articolul 50: articol din Tratatul de la Lisabona cunoscut şi sub numele de 'exit clause', arată mecanismul prin care un stat membru poate părăsi Uniunea Europeană. Nu a fost folosit până acum dar va fi invocat de Regatul Unit odată ce la referendumul din 23 iunie 2016 britanicii au decis să iasă din Uniune.

Avocat-general: poziţie cheie la Curtea Europeană de Justiţie. Avocatul general formulează o 'opinie' înainte ca judecătorul să îşi formuleze hotarârea.

Bailouts: termen pentru salvările masive făcute de Uniune în timpul crizei financiare din 2008. Grecia a acumulat datorii enorme după aderarea la eurozonă, cele trei bailouts ridicându-se la impresionanta valoare de 326 de miliarde euro. Alte bailouts dar nu la fel de masive ca ale Greciei au primit Ciprul, Spania, Portugalia şi Irlanda.

Banking union: cele 19 state membre din eurozonă au format o uniune bancară menită a consolida eurozona şi a restabili încrederea pieţelor în moneda unică.

Brexit: prescurtare de la Britain şi exit – termen popular care descrie ieşirea Regatului Unit din Uniune.

Bruxelles: Capitala Belgiei care găzduieşte cele mai multe instituţii europene şi unde se întocmeşte legislaţia europeană. Bruxelles este deseori folosit ca termen care să desemneze Comisia Europeană.

CAP (Politica Agricola Comună): CAP a fost problema de fond a Comunităţii Europene şi a rămas în centrul preocupărilor instituţiilor europene. La ora actuală, CAP consumă cam 30% din bugetul Uniunii.

Carta Drepturilor Fundamentale: o declaraţie politică în care se subliniază valorile de bază cum ar fi dreptul la exprimare şi la gândire şi egalitatea în faţa legii. Tratatul de la Lisabona face referire la această Cartă.

CFP (Politica de pescuit comună): ca şi CAP, această politică a fost gândită să asigure aprovizionarea cu alimente la preţuri rezonabile. Din păcate a eşuat în tentativa de a stopa pescuitul excesiv, lucru care a dus la punerea în pericol a speciilor de ton, cod şi alţi pesti. În fiecare an s-au fixat cote de pescuit şi de nenumărate ori au apărut situaţii în care pescarii au trebuit să verse înapoi în mare peştii pescuiţi pentru a nu depăşi cota stabilită.

Co-decizie: mijloacele prin care Parlamentul European împarte responsabilitatea deciziilor cu Consiliul. La ora actuală co-decizia, cunoscută şi sub numele de 'procedura legislativă ordinară' se aplică la peste 75% din legislaţie.

Coeziune: politica de coeziune este încercarea de a reduce diferenţele dintre zonele sărace şi cele bogate ale Uniunii, redistribuind fonduri din zonele bogate către cele sărace.

Comisia Europeană: singurul organism European care poate inţia formal legislaţia europeană

Compact fiscal: un acord interguvernamental care întăreşte disciplina bugetară. A fost semnat în 2012 de toate statele membre cu excepţia Cehiei şi a Regatului Unit.

Consiliul European: adunarea şefilor de stat şi de guvern din statele membre ale UE şi a miniştrilor lor de externe. Consiliul European stabileşte priorităţile Uniunii şi obiectivele.

Consiliul Europei: este o organizaţie formată din 47 de ţări care doresc să promoveze democraţia şi să protejeze drepturile omului. Are sediul la Strasbourg. Nu este o instituţie a Uniunii Europene deşi toate statele membre ale Uniunii fac parte şi din Consiliul Europei.

Consiliul de Miniştri: numit pe scurt Consiliul, reprezintă guvernele naţionale ale statelor membre. Miniştrii din statele membre se întâlnesc regulat, în funcţie de portofoliile de care răspund.

Curtea Auditorilor: este auditorul extern independent al Uniunii, care monitorizează modul în care se cheltuieşte bugetul Uniunii Europene.

COREPER: prescurtare de la Comitetul Reprezentanţilor la Uniunea Europeană, care pregăteşte lucrările Consiliului ministerial. Este format din cei 28 de ambasadori (reprezentanţi permanenţi) sau de adjuncţii lor.

Curtea Europeană pentru Drepturile Omului: cu sediul la Strasbourg, această curte supraveghează respectarea convenţiei privind drepturile omului. Nu este o instituţie a Uniunii dar deciziile sale sunt obligatorii pentru statele membre din Uniunea Europeană şi pentru celelalte state din Consiliul Europei.

Curtea Europeană de Justiţie: cu sediul la Luxemburg, hotărăşte în privinţa disputelor legate de tratatele UE.

Deficit democratic: termen care descrie diferenţa dintre puterile Uniunii Europene şi puterea cetăţenilor de a influenţa procesul decizional European. Potrivit criticilor, instituţiile europene nu sunt transparente.

DG: Directorat General. Comisia Europeană are 34 DG care se ocupă de diferite domenii, de la transport până la relaţii externe. Fiecare DG are ca şef un comisar care este asistat la rândul lui de un director general şi de un grup de funcţionari publici.

Directiva: un act legislativ al Uniunii prin care stabileşte un obiectiv pe care statele membre trebuie să îl atingă, rămânând la latitudinea fiecărei ţări cum ajunge la acest obiectiv.

Dublin Regulation: sistemul prin care se decide ce stat membru va gestiona o cerere de azil. De obicei este ţara din Uniunea Europeană în care intra prima dată un imigrant. Influxul de imigranţi către Grecia şi Italia a forţat Uniunea să reformeze acest sistem.

ECB: Banca Centrală Europeană, cu sediul în Frankfurt, este responsabilă cu implementarea politicii monetare europene. Obiectivul ei este să mențină stabilitatea prețurilor în eurozonă.

EEA: Aria Economică Europeană, asigură libertatea de mișcare pentru persoane, bunuri, servicii și capital în piața unică a Uniunii. Este formată din cele 28 state membre ale Uniunii Europene la care se adaugă Islanda, Liechtenstein și Norvegia. Ultimele trei țări nu sunt obligate să respecte regulamentele europene privind agricultura și pescuitul.

EEAS: Serviciul European de Acțiune Externă este Serviciul diplomatic al Uniunii. Are propriul staff și birouri în toată lumea.

EFTA: European Free Trade Association, promovează comerțul liber și integrarea economică între Elveția, Islanda, Liechtenstein și Norvegia. S-a înființat în 1960 ca o alternativă pentru țările care nu doreau să adere la Comuntatea Economică Europeană. Marea Britanie a fost în EFTA dar a părăsit organizația când a intrat în Uniunea Europeană.

EMU: Uniunea Economică și Monetară, – este numele oficial al uniunii monetare care a introdus moneda unică.

Enlargement: Extinderea Uniunii Europene. Cel mai mare val a fost în 2004 când au aderat 10 țări, din care 8 erau țări foste comuniste.

ESM: Mecanismul European de Stabilitate, cunoscut și sub numele de fondul de salvare al eurozonei. Este o organizație interguvernamentală cu sediul la Luxemburg care împrumută bani de la piețele financiare prin vânzarea de titluri de stat și folosește banii obținuți pentru a finanța 'salvarea' eurozonei.

Eulex: Misiunea Uniunii Europene privind Statul de Drept în Kosovo.

Euro: moneda unică lansată la începutul anului 1999. În prezent sunt 19 țări în eurozonă.

Eurofil: o persoană care admiră sau sustine apartenenţa la Uniunea Europeană.

Eurogroup: Forumul în care se întâlnesc miniştrii de finanţe şi miniştrii economiei din eurozonă. Întâlnirea lor precede Ecofin – întâlnirea celor 28 de ministri de finanţe din UE.

Europol: Organizaţia europeană pentru aplicarea legii, cu sediul la Haga. Încearcă să coordoneze poliţia statelor membre împotriva Criminalităţii organizate internaţionale.

Eurosceptic: credinţa că integrarea europeană pune în pericol statul naţiune prin pierderea suveranităţii. Peste 25% din europarlamentari sunt eurosceptici.

Federalism: un sistem de guvernare în care mai multe state îşi păstrează independenţa deşi multe decizii se iau în comun. Există un guvern central şi guvernele statelor.

Frontex: cu sediul în Varsovia, este agenţia europeană însărcinată cu supravegherea securităţii graniţelor.

Grexit: prescurtare de la Greece – exit, adică ieşirea Greciei din eurozonă. De peste 6 ani Grecia depinde de împrumuturile făcute în comun de Uniunea Europeană şi de Fondul Monetar Internaţional.

Iniţiativa cetăţenească: un mecanism pe care îl pot folosi cetăţenii europeni pentru a face lobby direct la Comisie în vederea legiferării unui anumit lucru. O Iniţiativă cetăţenească europeană trebuie să întrunească susţinerea a cel puţin un milion de cetăţeni din cel puţin şapte state membre.

Ombudsman: funcţia unui 'avocat al cetăţeanului' independent, care trebuie să vegheze că instituţiile Uniunii sunt transparente şi pot fi trase la răspundere.

Parlamentul European: singura instituţie a Uniunii Europene aleasa în mod direct. Se întâlneşte lunar în sesiune plenară la Strasbourg, are un secretariat la Bruxelles dar activitatea curentă o desfăşoară la Bruxelles.

Patru Libertăţi: denotă libertatea de mişcare a bunurilor, capitalului, serviciilor şi persoanelor în interiorul Uniunii Europene.

Piaţa Unică: numită şi Piaţa Internă, reprezintă cei peste 500 de milioane de consumatori din Uniune.

Preşedinte: nu există un singur preşedinte la nivelul Uniunii Europene, ci trei: preşedintele Consiliului European, preşedintele Comisiei Europene şi preşedintele Parlamentului European.

QMV: vot cu majoritate calificată (Qualified Majority Voting). Se foloseşte în mod frecvent în Consiliul de Miniştri. Votul este direct proporţional cu mărimea şi populaţia unui stat membru.

Raportor: negociatorul şef desemnat de Parlamentul European pentru o anumită problemă în procesul de co-decizie cu Consiliul. Raportorul formulează un raport legislativ care arată poziţia europarlamentarului în legătură cu o propunere legislativă nouă.

Referendum: un vot direct al electoratului pe o singură problemă politică, de importanţă naţională majoră.

Regulament: un act legislativ european care trebuie aplicat imediat ca lege în statele membre.

Reprezentare proporţională: un sistem electoral care alocă numărul de locuri în funcţie de numărul de voturi primite de fiecare partid. Dacă un partid câştigă 25% din totalul voturilor, sistemul proporţional îi va aloca 25% din locuri. Se aplică în Parlamentul European.

Schengen: acordul Schengen din 1985 a înlăturat controlul la graniţele interne, permiţând călătoriile fără paşaport în majoritatea statelor membre.

Subsidiaritate: principiu European prin care deciziile trebuie luate aşa încât să fie cât mai aproape de cetăţean.

Suveranitate: autoritatea unui stat de a se guverna singur.

Troika: numele dat creditorilor internaţionali care au organizat şi monitorizat salvările în eurozonă: Comisia Europeană, Banca Centrală Europeană şi Fondul Monetar Internaţional.

TTIP: un tratat controversat, – Transatlantic Trade and Investment Partnership, negociat între Uniunea Europeană şi Statele Unite ale Americii.

Unanimitate: procedura de vot încă aplicată în Uniune în domenii sensibile, inclusive taxare, securitate socială şi politică de apărare. Prin votul în unanimitate, de fapt orice stat membru îşi poate exercita dreptul de veto, blocând aprobarea unui act legislativ.

WTD: directiva privind timpul de lucru care prevede includerea a cel puţin patru săptămâni de concediu plătit pe an, o perioada de minimum 11 ore de odihnă într-un interval de 24 de ore şi o zi liberă pe săptămână şi un program de lucru de cel mult 48 de ore pe săptămâna.

Zero sum game: jocul de sumă nulă, – noţiune readusă în duscuţie după criza EU-Rusia în privinţa Ucrainei. În esenţă ceea ce câştigă unul pierde celălalt. Mai descrie şi o nouă rivalitate între Uniune şi Rusia.

BIBLIOGRAFIE SELECTIVĂ

Acemoglu, D., Robinson, J. *Why Naţions Fail: The Origins of Power, Prosperity and Poverty,* Profile Books (2012)

Booker, C. Britain and Europe: *The Culture of Deceit*, The Bruges Group (2001)

Clark, S., Priestley, J., *Europe's Parliament – people, places, politics*, John Harper Publishing (2012)

Eppink, D.-J., *Life of a European Mandarin: Inside the Commission*, Lanoo Publishers (2007)

Peet, J., La Guardia, A., *Unhappy Union: how the euro crisis - and Europe – can be fixed*, Profile Books Ltd (2014)

Pisani-Ferry, J., *The Euro Crisis and its Aftermath*, Oxford University Press, (2014)

Pryce, V., *Greekonomics*, Biteback (2013)

Stiglitz, J.,E., *The Euro and its threat to the future of Europe*, Allen Lane, (2016)

Szapiro, M.,*The European Commission – a practical guide*, John Harper Publishing (2013)

ec.europa.eu

lobbyplag.eu

www.gov.uk/government/speeches

www.europa.eu

www.europarl.europa.eu

www.euractiv.com

www.publicaffairsworld.com

INDEX

9 Mai. *Vedeți* Ziua Europei
Acordul de la Dayton, 93
Actul Unic European, 14, 73
Adenauer, Konrad, 10, 14, 20
Adunarea Parlamentară a Consiliului Europei, 19, 23
AFP, 169
ALDE, 25
Andorra, 43
Anglia, 151
AP, 166, 169
Aria Economică Europeană, 43, 175
Armenia, 95
Articolul 50, 156
Asmussen, Jorg, 129
Australia, 39, 44, 155
Austria, 15, 23, 46, 86, 90, 102, 104, 105, 108
Azerbaidjan, 95
Azore
    Insulele, 44
Baltac, Vasile, 5
Banca Centrală Europeană, 28, 30, 34, 116, 125, 126, 130, 133, 135, 146, 147, 175, 178
Barroso, Jose Manuel Durrao, 101, 103

Barrosso, Jose Manuel, 161
Barul
    Mickey Mouse, 158
BBC, 166, 169
BCE, 34, 125, 126, 127, 128, 129, 130, 131, 133, 146, *Vedeți* Banca Centrală Europeană
    Comitetul executiv, 127
    Consiliul general, 127
    Consiliul guvernatorilor, 126, 127
Bech, Joseph, 10
Belarus, 95
Belgia, 10, 11, 14, 40, 90, 100, 102, 103, 105, 171
Benelux, 11
Berlin, 108, 168
Bevin, Ernest, 20
Beyen, Johan Willem, 10
BNP, 30
Bosnia, 93
Brexit, 5, 7, 33, 42, 87, 150, 155, 156, 173
BREXIT, 18, 150
Briand, Aristide, 8
Bruxelles, 24, 31, 33, 48, 50, 56, 64, 66, 68, 69, 70, 74, 75, 79, 98, 100, 107, 110,

140, 153, 157, 159, 161, 162, 163, 165, 166, 168, 172, 173, 177
Avenue des Arts, 159
Metrou staţia Schuman, 159
Parc du Cinquantenaire, 159
Place de Luxembourg, 64, 100
PLUX (Place de Luxembourg, 159
Quartier Léopold, 159
Bulgaria, 15, 31, 35, 36, 43, 74, 86, 90, 102, 104, 105
Bundesbank, 129
Calais, 26
Cameron, David, 49, 150
Canada, 39, 44, 91, 155
Acordului de Liber Schimb al Uniunii Europene, 91
Caraibe, 44
Cândea, Silvia, 5
Cehia, 15, 17, 18, 31, 74, 90, 102, 104, 105
CFSP, 74
Churchill, Winston, 9, 10, 20
Cipru, 15, 43, 74, 90, 94, 101, 103, 106
City, 156
CNN, 169
Cœuré, Benoît, 131
Comisari europeni, 98
Comisia Barroso 1, 101
Comisia Barroso 2, 102
Comisia Europeană, 16, 21, 23, 28, 30, 32, 34, 36, 46, 47, 76, 96, 98, 99, 109, 110, 114, 116, 117, 119, 120, 121, 122,

152, 159, 163, 166, 168, 170, 173, 174, 175, 178
sediul Berlaymont, 74
Comisia Europeană împotriva Rasismului şi Intoleranţei (ECRI), 21
Comisia Juncker, 97, 104
Comunitatea Cărbunelui şi Oţelului, 10
Comunitatea Economică a Cărbunelui şi Oţelului, 40
Comunitatea Europeană de Apărare, 78
Comunitatea Politică Europeană, 78
Congresul Autorităţilor Locale şi Regionale, 21
Conservatorii şi Reformiştii Europeni (ECR), 52
Consiliul European, 12, 15, 16, 19, 22, 23, 35, 46, 68, 70, 71, 72, 73, 74, 75, 77, 81, 82, 83, 91, 92, 97, 114, 134, 152, 169, 174, 177
Consiliul Afaceri Externe, 83, 86
Consiliul Afaceri Generale, 80, 82
Preşedintele, 75
Preşedinţia, 87
Votul în unanimitate, 90, 91
Consiliul Europei, 10, 19, 20, 21, 22, 174, 175
Adunarea Parlamentară, 19, 20, 21, 23
Comisarul pentru Drepturile Omului, 21

Comitetul Miniştrilor, 20, 21

Curtea Europeană pentru Drepturile Omului, 21, 175

Secretariatul General, 20, 57, 70, 73, 91, 92, 161

Consiliul Uniunii Europene, 19, 22, 76

Consilium, 22, 23, 47, 70, 88, 159, *Vedeţi* Consiliul Uniunii Europene

Constituţia Europeană, 11

Convenţia Europeană pentru Drepturile Omului, 21, 122

Convenţia Europeană pentru Drepturile Omului), 21

Copenhaga, 39

COREPER, 78, 80, 84, 163, 174

COREPER1, 83, 91

COREPER2, 83, 91

Corriere della Sera, 166

Creţu, Corina, 105

Crimeea, 95

Croaţia, 15, 74, 90, 93, 104, 106

Curtea, 119

    Curtea de Justiţie, 120

    Tribunalul, 121

    Tribunalul Funcţiei Publice, 121

Curtea de Justiţie a Uniunii Europene, 16, 119

Curtea Europeană de Justiţie, 16, 62, 119, 123, 173, 175

Daily Mail, 168

Daily Telegraph, 166

Danemarca, 15, 43, 44, 90, 101, 104, 106, 109, 135

Daul, Joseph, 68

de Gasperi, Alcide, 10, 20

de Gaulle, Charles, 79

Delors, Jacques, 134

Deutsche Bank, 139, 160

DG AGRI, 163

DG ENVI, 163

DG MARKT, 163

DG SANCO, 163

DG TRADE, 163

Di Ruppo, Ellio, 49

Dow Europe Gmbh, 160

Draghi, Mario, 126, 129

Dublin Regulation, 175

E.ON, 160

ECHR, 122, 123

ECOSOC (Comitetul Economic şi Social), 116

Eden, Anthony, 9

EFTA, 176

El Alamein, 9

Elveţia, 43

EMU

    Uniunea Economică şi Monetară, 28

Eppink, Derk-Jan, 26, 100

Erdogan, Recep Tayyp, 94

Estonia, 15, 74, 86, 90, 101, 103, 105

EURATOM, 14

Euro, 176

Euromonitor, 4

Euronews, 166

Europa Naţiunilor şi Libertăţii (ENF), 52, 53

Europa Occidentală, 10, 36, 39

Europol, 176
Eurosceptic, 177
EUROSTAT, 132
Farage, Nigel, 153, 154
Federal Reserve, 131
Federația Rusă, 95
Financial Times, 109, 166, 169
Finlanda, 15, 86, 90, 102, 103, 105
Fitzgerald, Eve, 5
FMI, 7, 146, 147, 148
Fondul de Dezvoltare Regională, 37
Fondul Monetar Internațional, 136, 139, 140, 145, 177
Frankfurter Allgemeine Zeitung, 166
Franța, 10, 11, 14, 21, 29, 33, 34, 35, 36, 40, 42, 44, 49, 64, 67, 78, 79, 90, 93, 94, 105, 108, 140, 151, 152, 155
Frontex, 177
G20, 152
G8, 152
George de Podebrady Regele, 8
Georgia, 95
Germania, 10, 11, 29, 34, 35, 36, 40, 42, 48, 90, 93, 94, 101, 104, 105, 108, 109, 126, 127, 129, 139, 140, 141, 147, 148, 152, 154, 155, 168
Germania Federală. Vedeți Germania
Geuro, 139
Gheorghiu, Jeana, 4
Giscard d'Estaing, Valery, 79

Goldman Sachs, 131, 161
Google, 160
Grecia, 15, 26, 29, 32, 34, 35, 42, 90, 101, 104, 105, 137, 138, 139, 141, 143, 144, 145, 146, 147, 148, 149, 154, 173, 175, 177
Grexit, 143, 177
Grup Neatașați, 53
Grupul Alianței Liberalilor și Democraților pentru Europa (ALDE), 52
Grupul Alianței Progresiste a Socialiștilor și Democraților din Parlamentul European (S&D), 52
Grupul Confederal al Stângii Unite Europene/ Stânga Verde Nordică (GUE/NGL), 53
Grupul Europa Libertății și Democrației Directe (EFDD), 53
Grupul Experților în Acțiuni împotriva Traficului de Persoane (GRETA), 21
Grupul Partidului Popular European (Creștin Democrat) (EPP), 52
Grupul Statelor împotriva Corupției (GRECO), 21
Grupul Verzilor / Alianța Liberă Europeană (GREENS/EFA), 53
Guernsey, 44
Guyana Franceză, 44, 63
Hallstein, Walter, 10, 78
Herriot, Edouard, 9

Hollande, Francois, 49, 165
Hugo, Victor, 8
Infringement, 124
Insulele Canare, 44
Iraq, 94
Irlanda, 15, 43, 90, 101, 104, 106, 137, 141, 151, 173
Irlanda de Nord, 15, 150, 151, 153, 156
Isle of Man, 44
Italia, 10, 11, 26, 32, 36, 40, 42, 90, 94, 101, 103, 105, 127, 137, 140, 154, 175
JAI, 73, 74
Jersey, 44
JP Morgan Chase International, 131
Juncker, Jean-Claude, 100, 104, 105, 107, 112, 161
Justus Lipsius
    clădirea, 74, 169
Kalergi, Richard Coudenhove, 8
Karamanlis, Kostas, 144
La Guardia, Anton, 137
Lazăr, Gilda, 4
Le Pen, Marine, 52, 53
Lehman Brothers
    Banca, 136
Les Echos, 166
Letonia, 15, 35, 74, 86, 90, 102, 103, 105
Liga Naţiunilor, 8, 9
Limba
    Bruxelleză, 172
Lituania, 15, 74, 90, 102, 103, 105

Lobby, 67, 103, 157, 158, 159, 160, 161, 162, 163, 164, 177
    la Bruxelles, 160
    LobbyPlag, 162
Londra, 108, 168
Louise Weiss
    Clădirea, 64
Luxemburg, 10, 11, 14, 24, 33, 40, 64, 66, 77, 79, 80, 86, 87, 90, 98, 102, 103, 105, 119, 124, 175, 176
Madeira, 44
    arhipelagul, 32
Malta, 15, 17, 59, 74, 86, 90, 101, 104, 106
Mandelson, Peter, 101, 162
Mansholt, Sicco, 10
Marea Britanie. Vedeţi Regatul Unit, *Vedeţi* Regatul Unit
Maroc, 31
May, Theresa, 87, 150, 156
Mayer, Thomas, 139
Memorandumul Marjolin, 134
MEP
    Membru al Parlamentului European, 62
Merkel, Angela, 29, 49, 129, 136, 137, 139, 147, 148, 154
Microsoft Corporaţion, 160
Mini Coopers (BMW), 155
Mişcarea Pan-Europeană, 8
Moldova, 40, 41, 95
Monaco, 43
Monitor
    emsiunea, 4
Monnet, Jean, 10
Moscovici, Pierre, 105, 149

N24, 4
Napoleon Bonaparte, 8
NATO, 14, 152
Nestle, 160
Nicholson of Winterbourne, Emma Baroness, 4
Noua Zeelandă, 39, 155
Nuland, Victoria, 95
Oficiul European pentru Selecţia Personalului (EPSO), 92
Olanda, 10, 11, 14, 32, 35, 40, 44, 90, 101, 103, 105, 108, 127
Ombudsman, 177
Open Europe think tank, 37
Orban, Victor, 123
Organizaţia Naţiunilor Unite, 7
Papandreou, Giorgios, 145
Papandreou. Giorgios, 147
Paris,, 73, 168
Parlamentul Britanic, 151
Parlamentul Euroopean Vicepreşedinţi, 55
Parlamentul European, 16, 17, 19, 22, 23, 24, 25, 28, 30, 46, 47, 48, 49, 51, 52, 54, 57, 58, 64, 68, 69, 76, 97, 102, 114, 116, 117, 120, 152, 153, 159, 161, 162, 166, 174, 177, 178
Actele oficiale, 56
Biroul, 54
Bugetul, 57
Colegiul chestorilor, 55
Conferinţa preşedintilor de comisie, 55
Conferinţa preşedintilor de delegaţie, 55
Conferinţa preşedinţilor, 54
Grupuri politice, 19, 25
Preşedintele, 55
Secretariatul, 64
Partide politice europene, 19, 25
Partidul Alianţei Liberalilor şi Democraţilor pentru Europa. *Vedeţi* ALDE
Partidul Democrat European. *Vedeţi* ALDE
Pasok, 145
Peet, John, 137
Philip Morris Internaţional Inc, 160
Piaţa Comună, 12
Piaţa Unică, 27, 177
Pieter Bruegel cel Bătrân. *Vedeţi* Turnul Babel
Pisani, Edgar, 79
Planul Barre, 134
Polak Room, 171
Politica Agricolă Comună, 32
Politica agricolă comună (PAC), 78
Politico, 166
Polonia, 15, 17, 32, 36, 42, 74, 75, 90, 102, 104
Popa, Nicoleta, 4
Portugalia, 15, 32, 42, 44, 90, 101, 103, 106, 137, 138, 141, 173
Potocnik, Janez, 109

Preşedintele Comisiei Europene, 16, 23, 47, 111
Primăvara Arabă, 94
Primul Congres Paneuropean, 8
Primul Război Mondial, 8
Putin, Vladimir, 95
QMV, 178
Radio France, 166, 171
Radio France International, 171
Regatul Unit, 10, 14, 15, 20, 43, 44, 48, 86, 87, 90, 93, 94, 101, 103, 106, 135, 150, 151, 152, 154, 155, 156, 173
Regatul Unit al Marii Britanii şi Irlandei de Nord. Vedeţi Regatul Unit
Rehn, Ollie, 102, 161
Republica Irlanda, 151
Reunion, 31, 32
Reuters, 166, 169
România, 15, 31, 35, 36, 40, 43, 74, 86, 90, 105
Rossi, Ernesto, 9
Rusia, 8, 39, 94, 95, 151, 179
Salter, Arthur, 9
San Marino, 43
Sarkozy, Nicolas, 17, 49
Schengen, 43, 73, 74, 154, 178
Schuman, Robert, 10, 20
Scott, Dick, 5
Scoţia, 150, 151, 156
Sevastopol, 95
Shell Companies, 160
Siria, 153
Sistemul European al Băncilor Centrale, 125

Slovacia, 15, 31, 74, 86, 90, 102, 103, 105, 154
Slovenia, 15, 74, 90, 102, 103, 106
Spaak, Paul Henri, 10, 20
Spania, 15, 35, 42, 44, 90, 94, 101, 103, 106, 127, 137, 138, 141, 153, 173
Spinelli, Altiero, 9, 10
Statele Unite ale Americii, 7, 11, 39, 136, 151, 155, 178
Statele Unite ale Europei, 8, 9
Strasbourg, 20, 21, 23, 24, 33, 48, 56, 64, 66, 67, 68, 98, 174, 175, 177
Suedia, 15, 43, 90, 101, 104, 106
Partidul Piraţilor, 25
Sun, 168
The Economist, 169
Tratatul de la Amsterdam, 13, 74
Tratatul de la Bruxelles, 14
Tratatul de la Lisabona, 12, 15, 17, 102, 135, 173
articolul 50, 87
Tratatul de la Maastricht, 14, 73, 93, 130, 135
Tratatul de la Nisa, 12, 74
Tratatul de la Paris, 14, 77
Tratatul de la Roma, 12, 14, 78
Troika, 178
Trotsky. Leon, 8
TSCG, 18
Tsipras, Alexis, 148
TTIP, 71, 110, 178
Turcia, 8, 31, 42, 94
Turnul Babel, 65

Tusk, Donald, 75, 112
TVR2, 4
Ţara Galilor, 151
Ţările Baltice, 31
Ucenicul Vrăjitor, 26
Ucraina, 39, 40, 95, 179
UK Public Affairs Council, 158
UKIP, 30, 53, 153, 154
Unanimitate, 178
Ungaria, 12, 15, 31, 32, 37, 74,
    90, 102, 104, 106, 154
Uniunea   Economică   şi
    Monetară, 28, 125, 176
Uniunea Europeană, 3, 4, 7,
    11, 16, 18, 19, 20, 23, 24, 26,
    27, 28, 32, 33, 34, 35, 36,
    38, 39, 41, 42, 43, 44, 45,
    47, 53, 56, 58, 70, 73, 75, 76,
    77, 79, 80, 83, 89, 91, 93,
    94, 98, 111, 112, 113, 114, 115,
    120, 121, 123, 125, 127, 132,
    136, 141, 143, 145, 147, 150,
    152,153, 155, 156, 159, 161,
    162, 165, 166, 167, 169, 172,
    173, 174, 175, 176, 177, 178
    Regiunile îndepărtate, 44
Uniunea Europei Occidentale,
    14

Uniunea Monetară Europeană
    (EMU), 135
Uniunea Sovietică, 11
University of Zurich, 9
Varoufakis, Yanis, 148
Vasiloiu, Alice, 5
Vasiloiu, Cristina, 5
Vatican, 43
Ventotene Manifesto, 9
Verzilor/EFA
    Grupul, 25
Viena, 8
Vilnius, 39, 95
Vodafone, 160
Volkswagen
    Scandalul, 108
Wall Street Journal, 169
Wall-Street Journal, 166
Washington, 157
    K street, 157
Wilhelm II
    Împărat, 9
WTD, 179
YouTube, 169
Zidul Berlinului, 23
Ziua Europei, 10